단기 특강

수학 I

⬇ 정답과 풀이는 EBS*i* 사이트(www.ebs*i*.co.kr)에서 다운로드 받으실 수 있습니다.

교재 내용 문의	교재 정오표 공지	교재 정정 신청
교재 및 강의 내용 문의는 EBS*i* 사이트(www.ebs*i*.co.kr)의 학습 Q&A 서비스를 활용하시기 바랍니다.	발행 이후 발견된 정오 사항을 EBS*i* 사이트 정오표 코너에서 알려 드립니다. 교재 → 교재 자료실 → 교재 정오표	공지된 정오 내용 외에 발견된 정오 사항이 있다면 EBS*i* 사이트를 통해 알려 주세요. 교재 → 교재 정정 신청

단기 특강

수학 Ⅰ

Structure

1

각 단원에서 핵심 내용을 중심으로 필요한 정의, 공식 등을 정리하고 핵심 내용의 보충, 심화, 참고 등의 부연 설명은 **Plus** 를 통해 추가 설명

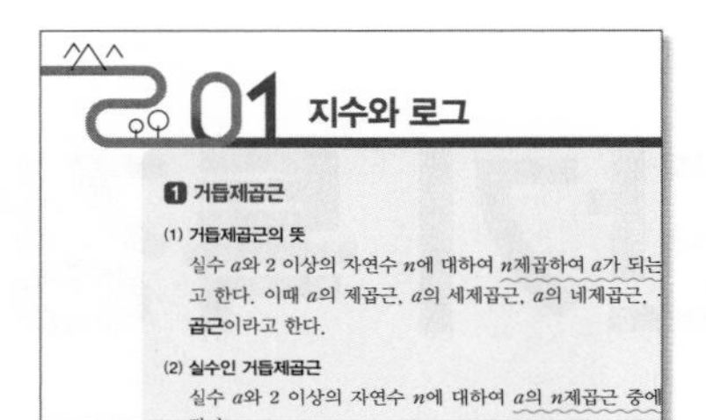

2

핵심 내용에서 학습한 원리, 법칙 등을 문항을 통해 이해할 수 있도록 출제하였으며 풀이에 첨삭을 추가하여 개념 확인에 도움이 될 수 있도록 구성

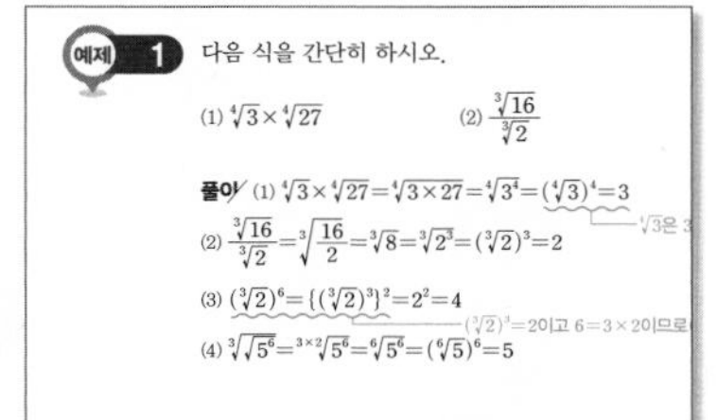

3

예제와 유사한 내용의 문항이나 일반화된 문항을 출제

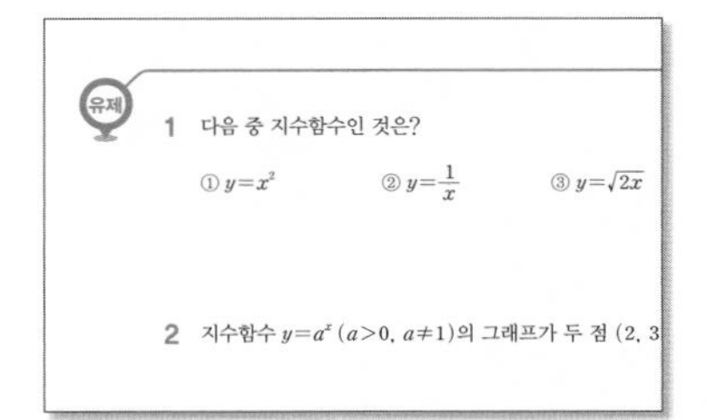

4

문제 해결 능력을 배양할 수 있도록 다양한 문항을 출제

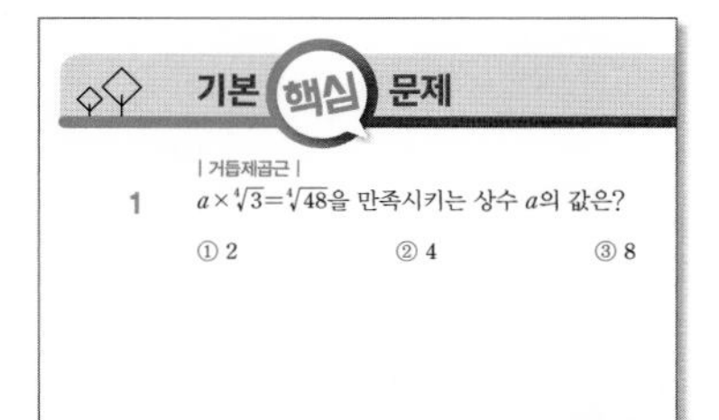

5

대단원별로 개념을 다시 정리하여 복합적인 문항을 해결할 수 있도록 출제하고 별도 코너로 **서술형 문항** 을 실어 내신에 대비할 수 있도록 구성

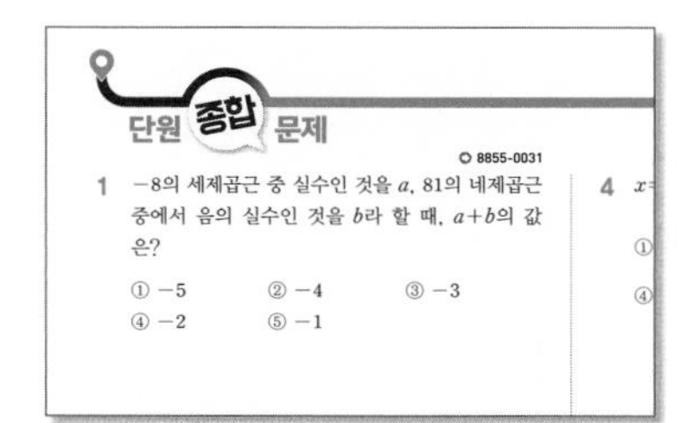

6

대단원별로 기출문항을 변형한 모의평가 문항을 출제하여 연습할 수 있도록 구성하였으며 세트로 유사한 맛보기 문항을 출제하여 실전에 대비할 수 있도록 구성

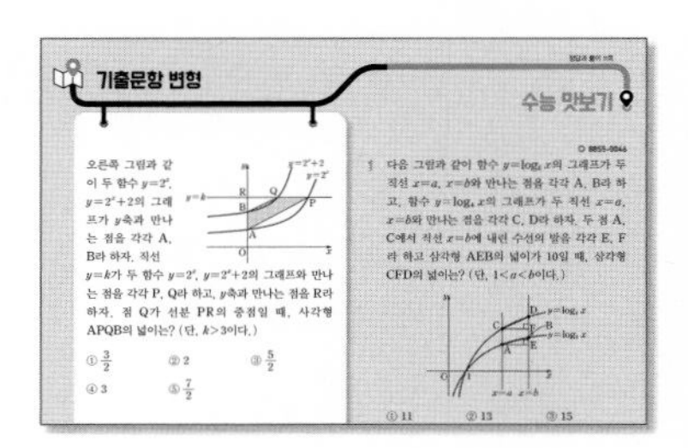

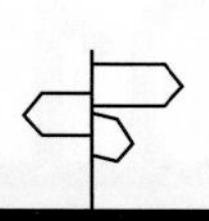

Contents

I 지수함수와 로그함수

II 삼각함수

III 수열

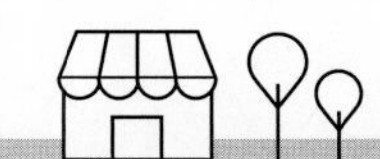

01 지수와 로그

정답과 풀이 2쪽

1 거듭제곱근

(1) 거듭제곱근의 뜻

실수 a와 2 이상의 자연수 n에 대하여 n제곱하여 a가 되는 수를❶ a의 n제곱근이라고 한다. 이때 a의 제곱근, a의 세제곱근, a의 네제곱근, …을 통틀어 a의 **거듭제곱근**이라고 한다.

(2) 실수인 거듭제곱근

실수 a와 2 이상의 자연수 n에 대하여 a의 n제곱근 중에서 실수인 것은❷ 다음과 같다.

	$a>0$	$a=0$	$a<0$
n이 홀수❸	$\sqrt[n]{a}$	0	$\sqrt[n]{a}$
n이 짝수❹	$\sqrt[n]{a}$, $-\sqrt[n]{a}$	0	없다.

(3) 거듭제곱근의 성질

$a>0$, $b>0$이고 m, n이 2 이상의 자연수일 때

① $\sqrt[n]{a}\sqrt[n]{b}=\sqrt[n]{ab}$

② $\dfrac{\sqrt[n]{a}}{\sqrt[n]{b}}=\sqrt[n]{\dfrac{a}{b}}$

③ $(\sqrt[n]{a})^m=\sqrt[n]{a^m}$

④ $\sqrt[m]{\sqrt[n]{a}}=\sqrt[mn]{a}=\sqrt[n]{\sqrt[m]{a}}$

Plus

❶ 방정식 $x^n=a$의 근 x를 a의 n제곱근이라고 한다.

❷ 방정식 $x^n=a$의 실근과 서로 같고, 서로 다른 실근의 개수는 함수 $y=x^n$의 그래프와 직선 $y=a$가 만나는 점의 개수와 같다.

❸ n이 홀수일 때

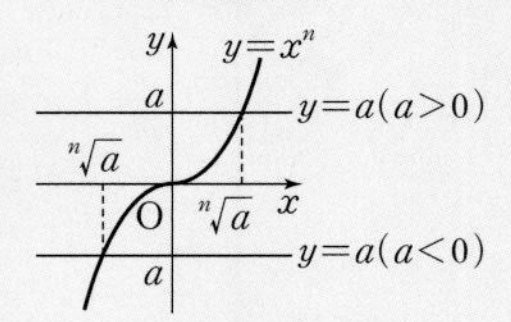

❹ n이 짝수일 때

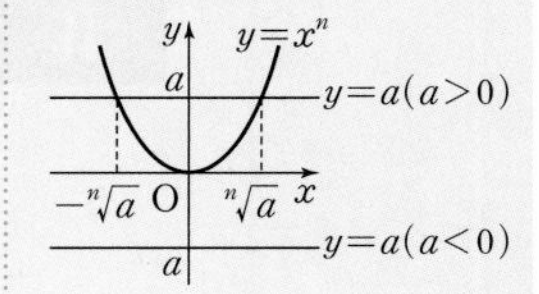

예제 1 다음 식을 간단히 하시오.

(1) $\sqrt[4]{3}\times\sqrt[4]{27}$　(2) $\dfrac{\sqrt[3]{16}}{\sqrt[3]{2}}$　(3) $(\sqrt[3]{2})^6$　(4) $\sqrt[3]{\sqrt{5^6}}$

풀이 (1) $\sqrt[4]{3}\times\sqrt[4]{27}=\sqrt[4]{3\times27}=\sqrt[4]{3^4}=(\sqrt[4]{3})^4=3$

$\sqrt[4]{3}$은 3의 양의 네제곱근이므로 $(\sqrt[4]{3})^4=3$이다.

(2) $\dfrac{\sqrt[3]{16}}{\sqrt[3]{2}}=\sqrt[3]{\dfrac{16}{2}}=\sqrt[3]{8}=\sqrt[3]{2^3}=(\sqrt[3]{2})^3=2$

(3) $(\sqrt[3]{2})^6=\{(\sqrt[3]{2})^3\}^2=2^2=4$

$(\sqrt[3]{2})^3=2$이고 $6=3\times2$이므로 $(\sqrt[3]{2})^6=\{(\sqrt[3]{2})^3\}^2$으로 바꿀 수 있다.

(4) $\sqrt[3]{\sqrt{5^6}}=\sqrt[3\times2]{5^6}=\sqrt[6]{5^6}=(\sqrt[6]{5})^6=5$

답 (1) 3 (2) 2 (3) 4 (4) 5

유제

8855-0001

1 3^{12}의 세제곱근 중에서 실수인 것을 a라 할 때, a의 제곱근 중에서 양의 실수인 것을 구하시오.

8855-0002

2 $\sqrt[5]{-32}+\sqrt[3]{5}\times\sqrt[3]{25}-\sqrt{\sqrt[5]{2^{10}}}$의 값은?

① 1　② 2　③ 3　④ 4　⑤ 5

2 지수의 확장과 지수법칙

(1) 0 또는 음의 정수인 지수

$a \neq 0$이고 n이 양의 정수일 때 ❶

$a^0=1$, $a^{-n}=\dfrac{1}{a^n}$

(2) 유리수인 지수

$a>0$이고 m, $n(n \geq 2)$이 정수일 때 ❷

$a^{\frac{1}{n}}=\sqrt[n]{a}$, $a^{\frac{m}{n}}=\sqrt[n]{a^m}$

(3) 지수법칙

$a>0$, $b>0$이고 x, y가 실수일 때 ❸

① $a^x a^y=a^{x+y}$　② $a^x \div a^y=a^{x-y}$

③ $(a^x)^y=a^{xy}$　④ $(ab)^x=a^x b^x$

Plus

❶ 지수를 자연수로부터 정수, 유리수, 실수까지 확장할 때, 밑 a가 될 수 있는 조건이 달라진다.

❷ a^n에서

지수 n	밑 a
자연수	실수
정수	0이 아닌 실수
유리수	양의 실수
실수	양의 실수

❸ 예
무리수 $\sqrt{2}=1.414213\cdots$에서 $\sqrt{2}$에 가까워지는 유리수 1, 1.4, 1.41, 1.414, 1.4142, $\cdots$를 지수로 가지는 수 2^1, $2^{1.4}$, $2^{1.41}$, $2^{1.414}$, $2^{1.4142}$, $\cdots$이 가까워지는 일정한 수를 $2^{\sqrt{2}}$로 정의한다.

예제 2 다음 값을 구하시오.

(1) 8×2^{-3}　(2) $27^{\frac{1}{3}}-4^{\frac{1}{2}}$　(3) $2^{\frac{2}{3}}\times 2^{\frac{1}{3}}$　(4) $9^{-\frac{5}{4}}\times 27^{\frac{3}{2}}$

풀이 (1) $8\times 2^{-3}=2^3\times 2^{-3}=2^{3+(-3)}=2^0=1$　← $a^x a^y=a^{x+y}$

(2) $27^{\frac{1}{3}}-4^{\frac{1}{2}}=(3^3)^{\frac{1}{3}}-(2^2)^{\frac{1}{2}}=3^{3\times\frac{1}{3}}-2^{2\times\frac{1}{2}}=3-2=1$　← $(a^x)^y=a^{xy}$

(3) $2^{\frac{2}{3}}\times 2^{\frac{1}{3}}=2^{\frac{2}{3}+\frac{1}{3}}=2$

(4) $9^{-\frac{5}{4}}\times 27^{\frac{3}{2}}=(3^2)^{-\frac{5}{4}}\times(3^3)^{\frac{3}{2}}=3^{2\times\left(-\frac{5}{4}\right)}\times 3^{3\times\frac{3}{2}}=3^{-\frac{5}{2}}\times 3^{\frac{9}{2}}=3^{-\frac{5}{2}+\frac{9}{2}}=3^2=9$

답 (1) 1　(2) 1　(3) 2　(4) 9

유제

8855-0003

3 $\left(\dfrac{1}{5^5}\right)^{\frac{1}{3}}\times(\sqrt[3]{25})^{-\frac{1}{2}}$의 값은?

① $\dfrac{1}{25}$　② $\dfrac{1}{5}$　③ 1　④ 5　⑤ 25

8855-0004

4 $(\sqrt[4]{27\sqrt[3]{81}})^n$이 자연수가 되도록 하는 자연수 n의 최솟값은?

① 3　② 6　③ 9　④ 12　⑤ 15

3 로그의 뜻과 기본 성질

(1) 로그의 정의

$a>0$, $a\neq1$, $N>0$일 때 ❶

$a^x=N \Longleftrightarrow x=\log_a N$

$\log_a N$ (N: 진수, a: 밑)

(2) 로그의 성질

$a>0$, $a\neq1$이고 $M>0$, $N>0$일 때 ❷ ❸

① $\log_a 1=0$, $\log_a a=1$

② $\log_a MN=\log_a M+\log_a N$

③ $\log_a \frac{M}{N}=\log_a M-\log_a N$

④ $\log_a M^k=k\log_a M$ (단, k는 실수)

Plus

❶ $a>0$, $a\neq1$, $N>0$일 때, $a^x=N$을 만족시키는 실수 x는 오직 하나 존재한다.

❷ $a^x=N$에서의 밑 a는 로그 $x=\log_a N$에서도 밑이고, 실수인 지수에서도 지수법칙이 성립하려면 밑은 양의 실수이어야 한다.

❸ 예 $1^2=1$, $1^3=1$이므로 로그로 표현하면 $\log_1 1=2$, $\log_1 1=3$이 되어 밑이 1인 로그의 값이 하나로 정해지지 않는다. 따라서 $\log_a N$에서 $a\neq1$인 조건이 반드시 필요하다.

예제 3 다음 값을 구하시오.

(1) $\log_2 8$　　(2) $\log_3 \frac{1}{27}$　　(3) $\log_2 \frac{2}{3}+\log_2 6$　　(4) $\log_3 4-2\log_3 6$

풀이 (1) $\log_2 8=\log_2 2^3=3\log_2 2=3$ ← $\log_a M^k=k\log_a M$

(2) $\log_3 \frac{1}{27}=\log_3 \left(\frac{1}{3}\right)^3=\log_3 (3^{-1})^3=\log_3 3^{-3}=-3\log_3 3=-3$

(3) $\log_2 \frac{2}{3}+\log_2 6=\log_2 \left(\frac{2}{3}\times6\right)=\log_2 4=\log_2 2^2=2\log_2 2=2$ ← $\log_a M+\log_a N=\log_a MN$

(4) $\log_3 4-2\log_3 6=\log_3 4-\log_3 6^2=\log_3 4-\log_3 36=\log_3 \frac{4}{36}=\log_3 \frac{1}{9}$ ← $\log_a M-\log_a N=\log_a \frac{M}{N}$

$=\log_3 \left(\frac{1}{3}\right)^2=\log_3 (3^{-1})^2=\log_3 3^{-2}=-2\log_3 3=-2$

← $k\log_a M=\log_a M^k$

답 (1) 3 (2) -3 (3) 2 (4) -2

[다른 풀이]

(1) $\log_2 8=x$라 하면 $2^x=8$
이때 $8=2^3$이므로 $2^x=2^3$, 즉 $x=3$
따라서 $\log_2 8=3$

(2) $\log_3 \frac{1}{27}=x$라 하면 $3^x=\frac{1}{27}$
이때 $\frac{1}{27}=3^{-3}$이므로 $3^x=3^{-3}$, 즉 $x=-3$
따라서 $\log_3 \frac{1}{27}=-3$

유제

8855-0005

5 $\log_5(-n^2+8n-12)$의 값이 존재하도록 하는 자연수 n의 개수는?

① 1　② 2　③ 3　④ 4　⑤ 5

8855-0006

6 $2\log_3 2-\log_3 \frac{8}{81}+\log_3 6$의 값을 구하시오.

4 로그의 여러 가지 성질

(1) 로그의 밑의 변환 공식

$a>0$, $a\neq1$이고 $b>0$일 때

① $\log_a b=\dfrac{\log_c b}{\log_c a}$ (단, $c>0$, $c\neq1$)

② $\log_a b=\dfrac{1}{\log_b a}$ (단, $b\neq1$) ❶

③ $\log_a b\times\log_b c=\log_a c$ (단, $b\neq1$, $c>0$) ❷

④ $\log_{a^m} b^n=\dfrac{n}{m}\log_a b$ (단, m, n은 실수, $m\neq0$) ❸

(2) 로그의 여러 가지 성질

$a>0$, $a\neq1$이고 $b>0$일 때,

① $a^{\log_a b}=b$

② $a^{\log_b c}=c^{\log_b a}$ (단, $b\neq1$, $c>0$)

Plus

❶ $\log_a b=\dfrac{\log_b b}{\log_b a}=\dfrac{1}{\log_b a}$

따라서 $\log_a b\times\log_b a=1$이 성립함을 알 수 있다.

❷ $\log_a b\times\log_b c=\log_a b\times\dfrac{\log_a c}{\log_a b}=\log_a c$

❸ $\log_{a^m} b^n=\dfrac{\log_a b^n}{\log_a a^m}=\dfrac{n\log_a b}{m\log_a a}=\dfrac{n}{m}\log_a b$

예제 4 $\log_{10}2=a$, $\log_{10}3=b$일 때, $\log_5 12$를 a, b로 나타내시오.

풀이 $\log_5 12$를 10을 밑으로 하는 로그로 바꾸어 나타내면

$\log_5 12=\dfrac{\log_{10}12}{\log_{10}5}$ — 로그의 밑의 변환 공식 $\log_a b=\dfrac{\log_c b}{\log_c a}$를 이용한다.

$\log_{10}12$를 a, b로 나타내면

$\log_{10}12=\log_{10}(2^2\times3)=\log_{10}2^2+\log_{10}3=2\log_{10}2+\log_{10}3=2a+b$

$\log_{10}5$를 a, b로 나타내면

$\log_{10}5=\log_{10}\dfrac{10}{2}=\log_{10}10-\log_{10}2=1-a$

— 진수가 곱셈 또는 나눗셈으로 표현되어야 로그의 성질을 이용할 수 있으므로 $5=2+3$이 아니라 $5=\dfrac{10}{2}$으로 표현해야 한다.

따라서 $\log_5 12=\dfrac{\log_{10}12}{\log_{10}5}=\dfrac{2a+b}{1-a}$

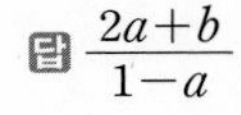

답 $\dfrac{2a+b}{1-a}$

유제

8855-0007

7 $\log_2 25\times\log_5 3\times\log_9 32$의 값은?

① 1　② 2　③ 3　④ 4　⑤ 5

8855-0008

8 1이 아닌 양수 x에 대하여 $\log_x 2+\dfrac{1}{\log_3 x}=4$일 때, $\log_{36}x$의 값은?

① $\dfrac{1}{8}$　② $\dfrac{1}{4}$　③ $\dfrac{1}{2}$　④ 1　⑤ 2

5 상용로그

(1) 상용로그의 뜻

양수 N에 대하여 $\log_{10} N$과 같이 10을 밑으로 하는 로그를 **상용로그**라고 한다.
일반적으로 상용로그 $\log_{10} N$은 밑 10을 생략하여 $\log N$과 같이 나타낸다.

(2) 상용로그표 ❶

상용로그의 값은 상용로그표를 이용하여 구할 수 있다. ❷

상용로그표에서 $\log 2.13$의 값은 2.1의 가로줄과 3의 세로줄이 만나는 곳의 수인 0.3284이다. 즉, $\log 2.13=0.3284$이다.

수	0	…	3	…	9
1.0	.0000	…	.0128	…	.0374
…	…	…	…	…	…
2.1	.3222	…	.3284	…	.3404
…	…	…	…	…	…
9.9	.9956	…	.9969	…	.9996

Plus

❶ 상용로그표는 0.01의 간격으로 1.00부터 9.99까지의 수에 대한 상용로그의 값을 소수 다섯째 자리에서 반올림하여 소수 넷째 자리까지 나타낸 것이다.

❷ 임의의 양수 N은
$N=a\times 10^n$
$(1\le a<10,\ n$은 정수$)$
의 꼴로 나타낼 수 있다. 따라서 N의 상용로그의 값은
$\log N$
$=\log (a\times 10^n)$
$=\log a+\log 10^n$
$=n+\log a$
이다.

예제 5 $\log 100-\log \frac{1}{1000}+\log \sqrt{10}$의 값은?

① $\frac{7}{2}$ ② 4 ③ $\frac{9}{2}$ ④ 5 ⑤ $\frac{11}{2}$

풀이 $\log 100-\log \frac{1}{1000}+\log \sqrt{10}=\log 10^2-\log \frac{1}{10^3}+\log 10^{\frac{1}{2}}$

$=\log 10^2-\log 10^{-3}+\log 10^{\frac{1}{2}}$

$=2\log 10+3\log 10+\frac{1}{2}\log 10$

$=2+3+\frac{1}{2}$ ← 상용로그는 보통 밑 10을 생략하므로 $\log 10=\log_{10} 10=1$

$=\frac{11}{2}$

답 ⑤

유제

8855-0009

9 $\log 3.14=0.4969$로 계산할 때, $\log (31.4)^2-\log 0.0314$의 값은?

① 0.4969 ② 2.4969 ③ 2.5031 ④ 4.4969 ⑤ 4.5031

8855-0010

10 양의 실수 x, y에 대하여 $\log x+\log 5=1$, $\log y-\log 2=-1$일 때, $x=ky$이다. 상수 k의 값은?

① $\frac{1}{100}$ ② $\frac{1}{10}$ ③ 1 ④ 10 ⑤ 100

기본 핵심 문제

정답과 풀이 3쪽

| 거듭제곱근 |

8855-0011

1 $a\times\sqrt[4]{3}=\sqrt[4]{48}$을 만족시키는 상수 a의 값은?

① 2 ② 4 ③ 8 ④ 16 ⑤ 32

| 지수의 확장과 지수법칙 |

8855-0012

2 $a=(2^{\sqrt{3}-1})^{\sqrt{3}+1}$, $b=(2^{\sqrt{2}}\times3^{2\sqrt{2}})^{\sqrt{2}}$일 때, $\frac{a}{b}$의 값은?

① $\frac{1}{81}$ ② $\frac{1}{18}$ ③ $\frac{1}{6}$ ④ 3 ⑤ 6

| 로그의 뜻과 기본성질 |

8855-0013

3 $\frac{1}{2}\log_2 3-\log_2 8\sqrt{3}$의 값은?

① -3 ② $-\frac{1}{3}$ ③ 1 ④ $\frac{1}{3}$ ⑤ 3

| 로그의 여러 가지 성질 |

8855-0014

4 $\log_{10}2=a$, $\log_{10}3=b$일 때, $\log_{\sqrt{12}}50$을 a, b로 나타낸 것은?

① $\frac{-a+2}{2a+b}$ ② $\frac{-2a+4}{2a+b}$ ③ $\frac{a-2}{2a+b}$ ④ $\frac{a-2}{4a+2b}$ ⑤ $\frac{-a-2}{4a+2b}$

| 상용로그 |

8855-0015

5 지진에 의하여 발생된 에너지의 양은 리히터 규모로 나타내는데, 발생된 에너지를 E, 리히터 규모를 M이라 하면 $\log E=11.8+1.5M$인 관계가 성립한다고 한다. 지진의 규모가 6인 지진에 의하여 발생된 에너지는 지진의 규모가 2인 지진에 의하여 발생된 에너지의 몇 배인가?

① 10^2배 ② 10^3배 ③ 10^4배 ④ 10^5배 ⑤ 10^6배

02 지수함수와 로그함수

정답과 풀이 5쪽

1 지수함수의 뜻과 그래프

(1) 지수함수의 뜻

실수 전체의 집합을 정의역으로 하는 함수❶

$$y=a^x\ (a>0,\ a\neq 1)❷$$

을 a를 밑으로 하는 **지수함수**라고 한다.

(2) 지수함수의 그래프

지수함수 $y=a^x$ $(a>0,\ a\neq 1)$의 그래프는 밑 a의 값의 범위에 따라 그림과 같다.

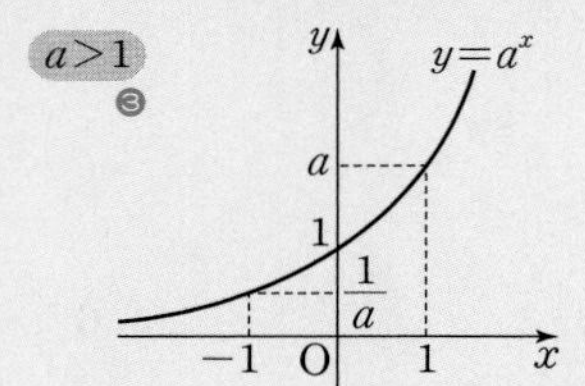

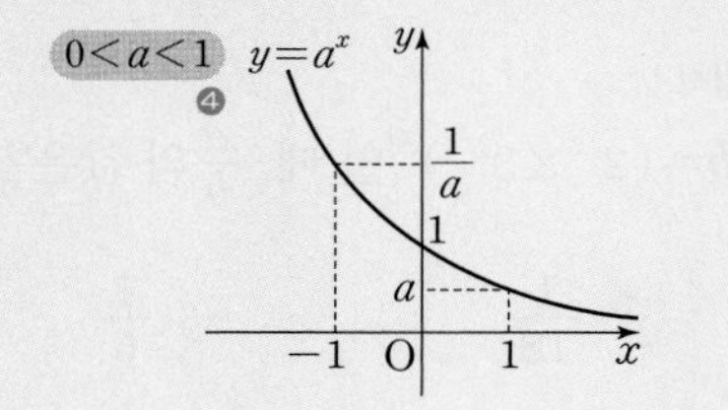

Plus

❶ $a>0$이고 $a\neq 1$일 때, 임의의 실수 x에 대하여 a^x의 값은 단 하나로 정해진다.

❷ 지수함수 $y=a^x$에서 $a=1$이면 $y=1$로 상수함수가 되므로 지수함수는 $a\neq 1\ (a>0)$인 경우만 생각한다.

❸ x의 값이 커지면 y의 값도 커지고, x의 값이 작아지면 y의 값은 양수이면서 0에 한없이 가까워진다.

❹ x의 값이 커지면 y의 값은 양수이면서 0에 한없이 가까워지고, x의 값이 작아지면 y의 값은 커진다.

예제 1 지수함수 $y=2^x$의 그래프를 이용하여 지수함수 $y=\left(\frac{1}{2}\right)^x$의 그래프를 그리시오.

풀이 $y=\left(\frac{1}{2}\right)^x=2^{-x}$이므로 지수함수 $y=\left(\frac{1}{2}\right)^x$의 그래프는 지수함수 $y=2^x$의 그래프를 y축에 대하여 대칭이동한 것이다. 따라서 지수함수 $y=\left(\frac{1}{2}\right)^x$의 그래프는 오른쪽 그림과 같다.

두 함수 $y=f(x)$, $y=f(-x)$의 그래프는 y축에 대하여 대칭이다.

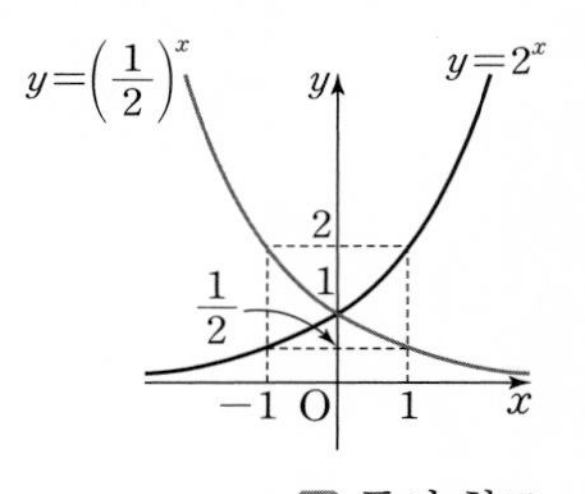

답 풀이 참조

유제

8855-0016

1 다음 중 지수함수인 것은?

① $y=x^2$　② $y=\frac{1}{x}$　③ $y=\sqrt{2x}$　④ $y=\frac{1}{3^x}$　⑤ $y=\frac{x}{5}$

8855-0017

2 지수함수 $y=a^x$ $(a>0,\ a\neq 1)$의 그래프가 두 점 $(2,\ 3)$, $(4,\ k)$를 지날 때, 상수 k의 값을 구하시오.

2 지수함수의 성질

(1) **지수함수 $y=a^x(a>0, a\neq1)$의 성질**

① 정의역은 실수 전체의 집합이고, 치역은 양의 실수 전체의 집합이다.

② $a>1$일 때, x의 값이 증가하면 y의 값도 증가한다.❶

$0<a<1$일 때, x의 값이 증가하면 y의 값은 감소한다.❷

③ 그래프는 점 $(0, 1)$을❸ 항상 지난다.

④ 그래프의 점근선은❹ x축$(y=0)$이다.

(2) 지수함수 $y=a^{x-m}+n$ $(a>0, a\neq1)$의 그래프는 지수함수 $y=a^x$의 그래프를 x축의 방향으로 m만큼, y축의 방향으로 n만큼 평행이동한 것이다.

Plus

❶ $a>1$일 때, $x_1<x_2$이면 $0<a^{x_1}<a^{x_2}$이다.

❷ $0<a<1$일 때, $x_1<x_2$이면 $a^{x_1}>a^{x_2}>0$이다.

❸ $a>0$, $a\neq1$일 때, $a^0=1$이므로 지수함수 $y=a^x$은 a의 값에 관계없이 항상 점 $(0, 1)$을 지난다.

❹ 곡선 위의 점이 어떤 직선에 한없이 가까워질 때, 이 직선을 그 곡선의 점근선이라고 한다.

예제 2 지수함수 $y=2^{x-1}+3$의 그래프를 그리고, 점근선의 방정식을 구하시오.

풀이 함수 $y=2^{x-1}+3$의 그래프는 $y=2^x$의 그래프를 x축의 방향으로 1만큼 y축의 방향으로 3만큼 평행이동한 것이다. 따라서 함수 $y=2^{x-1}+3$의 그래프는 오른쪽 그림과 같고, 점근선의 방정식은 $y=3$이다.

($y-3=2^{x-1}$로 변형할 수 있다.)

(함수 $y=f(x-m)+n$의 그래프는 함수 $y=f(x)$의 그래프를 x축의 방향으로 m만큼, y축의 방향으로 n만큼 평행이동한 것이다.)

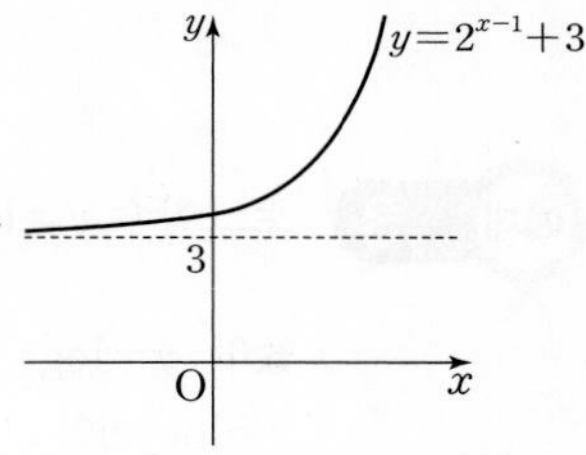

답 풀이 참조

유제

8855-0018

3 지수함수의 성질을 이용하여 다음 세 수를 작은 것부터 차례로 나열하시오.

$$\frac{1}{\sqrt[3]{2}},\quad \sqrt[4]{\frac{1}{8}},\quad 2^{-\frac{1}{2}}$$

8855-0019

4 정의역이 $\{x \mid -1\leq x\leq2\}$인 함수 $y=3^{x+1}-2$의 최댓값과 최솟값을 구하시오.

02 지수함수와 로그함수

정답과 풀이 5쪽

3 로그함수의 뜻과 그래프

(1) 로그함수의 뜻

지수함수 $y=a^x$ $(a>0,\ a\neq1)$의 역함수 ❶ ❷

$$y=\log_a x\ (a>0,\ a\neq1)$$

를 a를 밑으로 하는 **로그함수**라고 한다.

(2) 로그함수의 그래프

로그함수 $y=\log_a x$ $(a>0,\ a\neq1)$의 그래프는 밑 a의 값의 범위에 따라 다음과 같다.

$a>1$

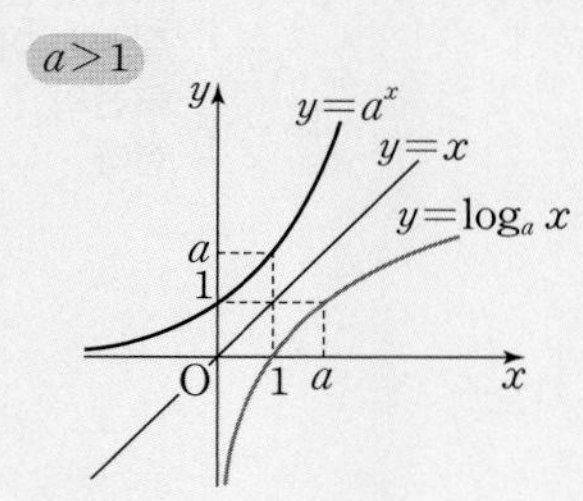

$0<a<1$

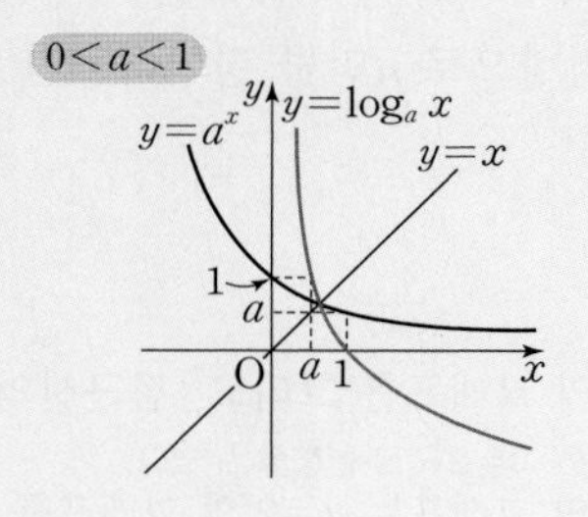

Plus

❶ 지수함수 $y=a^x$ $(a>0,\ a\neq1)$은 실수 전체의 집합을 정의역으로 하고, 양의 실수 전체의 집합을 치역으로 하는 일대일대응이므로 역함수가 존재한다.

❷ 지수함수 $y=a^x$ $(a>0,\ a\neq1)$에서 로그의 정의로부터 $x=\log_a y$이므로 x와 y를 서로 바꾸면 지수함수 $y=a^x$의 역함수 $y=\log_a x$ $(a>0,\ a\neq1)$를 얻는다. 또한 두 함수의 그래프는 직선 $y=x$에 대하여 대칭이다.

예제 3 로그함수 $y=\log_2 x$의 그래프를 이용하여 로그함수 $y=\log_{\frac{1}{2}} x$의 그래프를 그리시오.

풀이 $y=\log_{\frac{1}{2}} x=-\log_2 x$이므로 로그함수 $y=\log_{\frac{1}{2}} x$의 그래프는 로그함수 $y=\log_2 x$의 그래프를 x축에 대하여 대칭이동한 것이다.

따라서 로그함수 $y=\log_{\frac{1}{2}} x$의 그래프는 오른쪽 그림과 같다.

두 함수 $y=f(x)$, $y=-f(x)$의 그래프는 x축에 대하여 대칭이다.

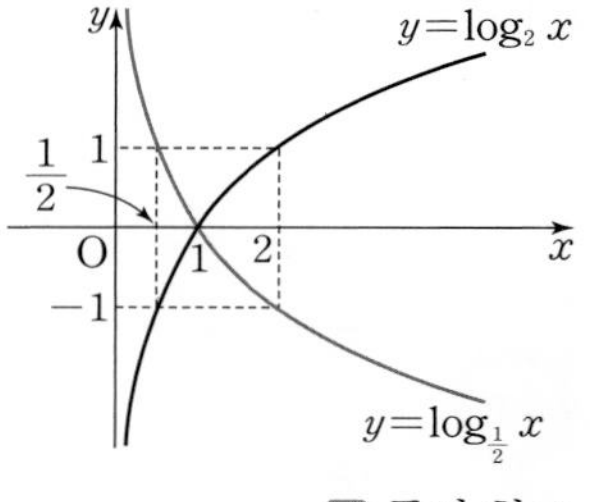

답 풀이 참조

유제

8855-0020

5 다음 중 로그함수인 것은?

① $y=x\log_2 5$　② $y=\dfrac{x^2}{\log_7 3}$　③ $y=\dfrac{\log 2}{x}$　④ $y=2\log_{\frac{1}{3}} x$　⑤ $y=\log_2 10^x$

8855-0021

6 로그함수 $y=\log_a x$ $(a>0,\ a\neq1)$의 그래프가 두 점 $(9,\ 2)$, $(k,\ 4)$를 지날 때, 양수 k의 값을 구하시오.

4 로그함수의 성질

(1) **로그함수 $y=\log_a x(a>0, a\neq1)$의 성질**

① 정의역은 양의 실수 전체의 집합이고, 치역은 실수 전체의 집합이다.

② $a>1$일 때, x의 값이 증가하면 y의 값도 증가한다.❶

$0<a<1$일 때, x의 값이 증가하면 y의 값은 감소한다.❷

③ 그래프는 점 $(1, 0)$을❸ 항상 지난다.

④ 그래프의 점근선은 y축$(x=0)$이다.

(2) 로그함수 $y=\log_a(x-m)+n$ $(a>0, a\neq1)$의 그래프는 로그함수 $y=\log_a x$의 그래프를 x축의 방향으로 m만큼, y축의 방향으로 n만큼 평행이동한 것이다.

Plus

❶ $a>1$일 때, $x_1<x_2$이면 $\log_a x_1<\log_a x_2$이다.

❷ $0<a<1$일 때, $x_1<x_2$이면 $\log_a x_1>\log_a x_2$이다.

❸ $a>0$, $a\neq1$일 때, $\log_a 1=0$이므로 로그함수 $y=\log_a x$는 a의 값에 관계없이 항상 점 $(1, 0)$을 지난다.

예제 4 로그함수 $y=\log_2(x-1)+3$의 그래프를 그리고, 점근선의 방정식을 구하시오.

풀이 함수 $y=\log_2(x-1)+3$의 그래프는 $y=\log_2 x$의 그래프를 x축의 방향으로 1만큼 y축의 방향으로 3만큼 평행이동한 것이다.

($y-3=\log_2(x-1)$로 변형할 수 있다.)

따라서 함수 $y=\log_2(x-1)+3$의 그래프는 오른쪽 그림과 같고, 점근선의 방정식은 $x=1$이다.

(함수 $y=f(x-m)+n$의 그래프는 함수 $y=f(x)$의 그래프를 x축의 방향으로 m만큼, y축의 방향으로 n만큼 평행이동한 것이다.)

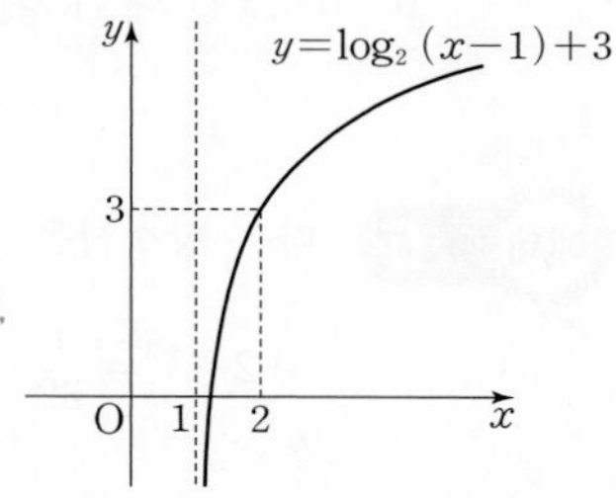

답 풀이 참조

유제

8855-0022

7 로그함수의 성질을 이용하여 다음 세 수 중 가장 큰 수를 고르시오.

$$2\log_3 2, \qquad -\log_{\frac{1}{3}} 5, \qquad \log_9 19$$

8855-0023

8 정의역이 $\{x|1\le x\le 7\}$인 함수 $y=\log_{\frac{1}{2}}(x+1)-3$의 최댓값과 최솟값을 구하시오.

02 지수함수와 로그함수

정답과 풀이 6쪽

5 지수함수와 로그함수의 활용

(1) 지수함수의 활용

지수에 미지수를 포함한 방정식 또는 부등식을 풀 때, 다음 성질을 이용한다.

① $a>0$, $a\neq1$일 때, $a^{f(x)}=a^{g(x)} \Longleftrightarrow f(x)=g(x)$ ❶

② $a>1$일 때, $a^{f(x)}<a^{g(x)} \Longleftrightarrow f(x)<g(x)$

$0<a<1$일 때, $a^{f(x)}<a^{g(x)} \Longleftrightarrow f(x)>g(x)$ ❷

(2) 로그함수의 활용

로그의 진수에 미지수를 포함한 방정식 또는 부등식을 풀 때, 다음 성질을 이용한다.

① $a>0$, $a\neq1$일 때,

$\log_a f(x)=\log_a g(x) \Longleftrightarrow f(x)=g(x)$, $f(x)>0$, $g(x)>0$ ❸

② $a>1$일 때, $\log_a f(x)<\log_a g(x) \Longleftrightarrow 0<f(x)<g(x)$

$0<a<1$일 때, $\log_a f(x)<\log_a g(x) \Longleftrightarrow f(x)>g(x)>0$ ❷

Plus

❶ 지수함수 $y=a^x$ $(a>0,\ a\neq1)$은 실수 전체의 집합을 정의역으로 하고, 양의 실수 전체의 집합을 치역으로 하는 일대일대응이므로 $a^x=a^k$을 만족하는 $x=k$가 오직 하나 존재한다.

❷ 밑이 0보다 크고 1보다 작을 때, 부등호 방향이 바뀐다.

❸ 로그의 진수에 미지수를 포함한 방정식 또는 부등식을 풀 때는 진수가 양수임에 유의해야 한다.

예제 5 다음 방정식을 푸시오.

(1) $2^{-x+3}=\dfrac{1}{32}$　　(2) $\log_3(x+4)+\log_3(x-4)=2$

풀이 (1) $2^{-x+3}=\dfrac{1}{32}$, $2^{-x+3}=\dfrac{1}{2^5}$

$2^{-x+3}=2^{-5}$에서 밑이 2로 같으므로 $-x+3=-5$, 즉 $x=8$

(2) 로그의 진수는 양수이므로 $x+4>0$, $x-4>0$에서 $x>4$ …… ㉠

주어진 방정식 $\log_3(x+4)+\log_3(x-4)=2$에서

$\log_3(x+4)(x-4)=\log_3 3^2$, $\log_3(x^2-16)=\log_3 9$

밑이 3으로 같으므로 $x^2-16=9$, $x^2=25$

$x=5$ 또는 $x=-5$ …… ㉡

㉠, ㉡에서 $x=5$

답 (1) $x=8$ (2) $x=5$

유제

8855-0024

9 부등식 $\left(\dfrac{1}{3}\right)^{1-2x}\le3^{x+5}$을 만족시키는 자연수 x의 개수를 구하시오.

8855-0025

10 부등식 $\log_{\frac{1}{3}}(x-4)+\log_{\frac{1}{3}}(x-6)>-1$의 해가 $\alpha<x<\beta$일 때, $\alpha+\beta$의 값을 구하시오.

기본 핵심 문제

정답과 풀이 6쪽

| 지수함수의 뜻과 그래프 |

8855-0026

1 오른쪽 그림과 같이 두 지수함수 $y=2^x$, $y=4^x$의 그래프가 y축과 만나는 점을 A, $x=2$와 만나는 점을 각각 B, C라 하자. 삼각형 ABC의 넓이는?

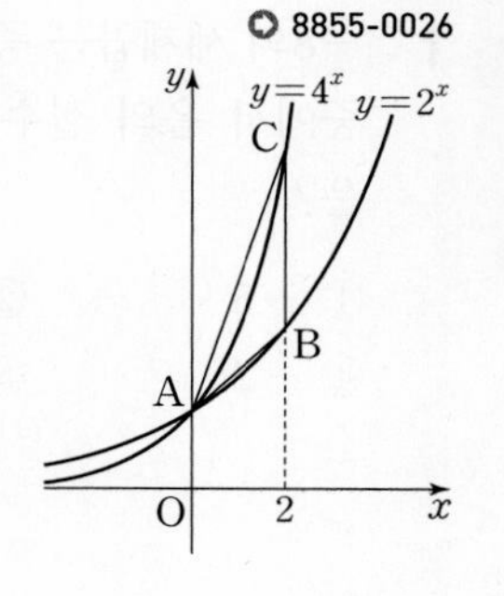

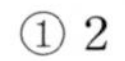
① 2　　② 4　　③ 8

④ 12　　⑤ 16

| 지수함수의 성질 |

8855-0027

2 $0<a<1$인 실수 a에 대하여 정의역이 $\{x|-2\le x\le 2\}$인 함수 $f(x)=a^{x-1}+3$은 최솟값 $\frac{10}{3}$, 최댓값 M을 갖는다. $a\times M$의 값은?

① $\frac{26}{3}$　　② 9　　③ $\frac{28}{3}$　　④ $\frac{29}{3}$　　⑤ 10

| 로그함수의 뜻과 그래프 |

8855-0028

3 함수 $f(x)=\begin{cases} \log_{\frac{1}{9}} x & (0<x<1) \\ \log_3 x & (x\ge 1) \end{cases}$에 대하여 방정식 $f(x)=2$의 모든 해의 곱은?

① $\frac{1}{9}$　　② $\frac{1}{3}$　　③ 1　　④ 3　　⑤ 9

| 로그함수의 성질 |

8855-0029

4 로그함수 $y=\log_5(x+a)+b$의 정의역이 $\{x|x>-1\}$이고 그래프가 오른쪽 그림과 같이 점 $(4,\ 3)$을 지날 때, 상수 a, b에 대하여 $a+b$의 값은?

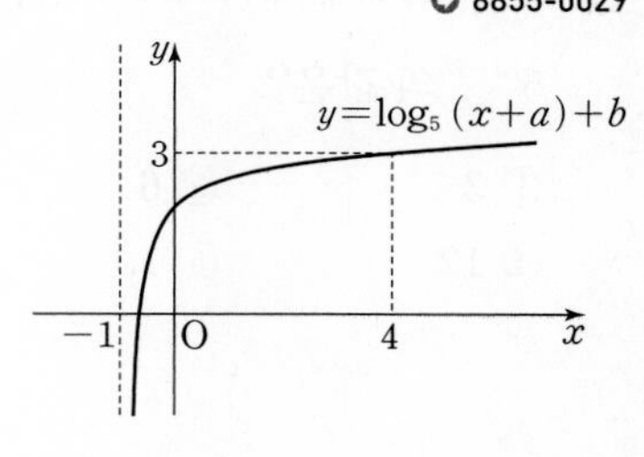

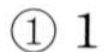
① 1　　② 2　　③ 3

④ 4　　⑤ 5

| 지수함수와 로그함수의 활용 |

8855-0030

5 방정식 $\left(\log_3 \frac{x}{3}\right)^2-2\log_9 x+1=0$의 두 근을 α, β라 할 때, $\alpha+\beta$의 값은?

① 3　　② 6　　③ 9　　④ 12　　⑤ 15

단원 종합 문제

8855-0031

1 -8의 세제곱근 중 실수인 것을 a, 81의 네제곱근 중에서 음의 실수인 것을 b라 할 때, $a+b$의 값은?

① -5 ② -4 ③ -3
④ -2 ⑤ -1

8855-0032

2 $3^{\frac{4}{5}}\times3^{\frac{1}{5}}\times6^{-2}$의 값은?

① $\frac{1}{12}$ ② $\frac{1}{6}$ ③ 1
④ 6 ⑤ 12

8855-0033

3 실수 a, b에 대하여 $5^{a}=\frac{1}{2}$, $25^{a+b}=12$일 때, 5^{3a+2b}의 값은?

① 3 ② 6 ③ 9
④ 12 ⑤ 15

8855-0034

4 $x=\sqrt[3]{2}-\frac{1}{\sqrt[3]{2}}$일 때, $x^{3}+3x$의 값은?

① $\frac{1}{2}$ ② 1 ③ $\frac{3}{2}$
④ 2 ⑤ $\frac{5}{2}$

8855-0035

5 $\log_{2}\left(\frac{1}{4}\times\sqrt[3]{32}\right)+\log_{5}2\times\frac{1}{\log_{25}8}$의 값은?

① -3 ② $-\frac{1}{3}$ ③ 1
④ $\frac{1}{3}$ ⑤ 3

8855-0036

6 두 실수 a, b가 $ab=\log_2\sqrt{3}$, $b-a=\log_4 27$을 만족시킬 때, $\frac{1}{a}-\frac{1}{b}$의 값은?

① $\frac{1}{3}$ ② $\frac{1}{2}$ ③ 1
④ 2 ⑤ 3

8855-0037

7 소리의 세기가 I W/m^{2}일 때, 소리의 크기 D dB (데시벨)은 $D=10\log\frac{I}{10^{-12}}$와 같이 정한다고 한다. 물건 끄는 소리의 세기가 10^{-6} W/m^{2}이고 속삭이는 대화의 소리의 세기가 10^{-10} W/m^{2}라 할 때, 물건 끄는 소리의 크기는 속삭이는 대화의 소리의 크기의 몇 배인가?

① 2배 ② 3배 ③ 4배
④ 5배 ⑤ 6배

8855-0038

8 지수함수 $y=a^x(a>0,\ a\neq1)$의 그래프를 y축에 대하여 대칭이동시킨 후, x축의 방향으로 2만큼, y축의 방향으로 -3만큼 평행이동시킨 그래프가 점 $(-2,\ 13)$을 지난다. a의 값은?

① $\sqrt{2}$ ② 2 ③ $2\sqrt{2}$
④ 4 ⑤ $4\sqrt{2}$

8855-0039

9 지수함수 $y=\left(\frac{1}{5}\right)^x$의 그래프를 x축의 방향으로 1만큼, y축의 방향으로 k만큼 평행이동시킨 그래프가 제1사분면을 지나지 않도록 하는 상수 k의 최댓값을 구하시오.

8855-0040

10 $a>1$인 실수 a에 대하여 함수 $f(x)=\log_a(x-2)$의 그래프가 오른쪽 그림과 같고 $f(6)=\alpha$, $f(11)=\beta$를 만족시킬 때, $f^{-1}\left(\frac{\alpha+\beta}{2}\right)$의 값은?

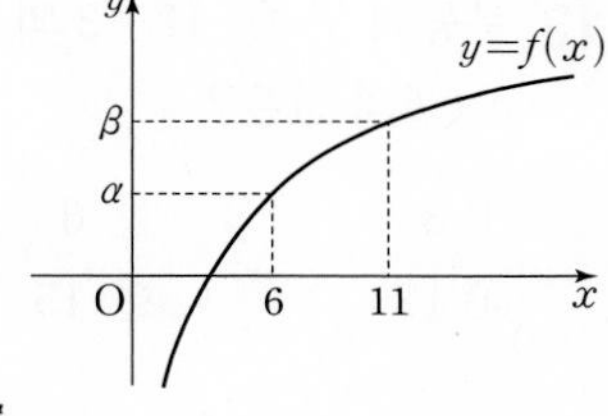

(단, α, β는 상수이다.)

① 2 ② 4 ③ 6
④ 8 ⑤ 10

8855-0041

11 다음 그림은 지수함수 $y=3^x$의 그래프와 로그함수 $y=\log_3 x$의 그래프를 나타낸 것이다.
$x_1+x_2+x_3$의 값을 구하시오.
(단, 점선은 x축 또는 y축과 평행하다.)

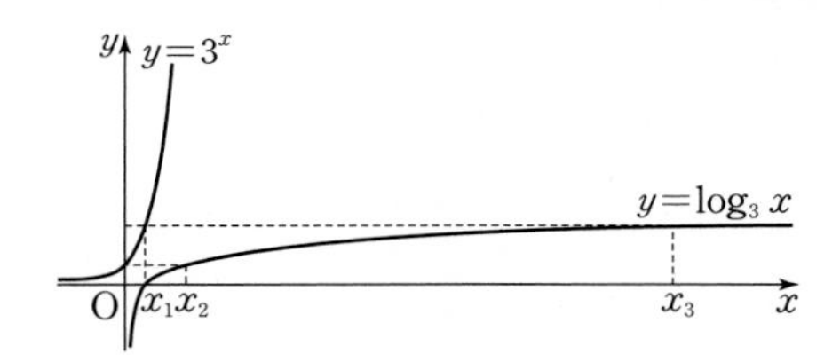

8855-0042

12 부등식 $3^{3-x}<12-3^x$의 해가 $\alpha<x<\beta$일 때, $\alpha+\beta$의 값은?

① 3 ② 6 ③ 9
④ 12 ⑤ 15

8855-0043

13 어느 도시의 복지 예산은 매년 전년도 복지 예산의 일정한 비율만큼씩 늘어나 5년 후에 2배가 되었다. 5년 동안 이 도시의 복지 예산이 매년 몇 % 씩 늘어났는지 구하시오.
(단, $\log 1.15=0.06$, $\log 2=0.3$으로 계산한다.)

서술형 문항

8855-0044

14 $1\le m\le 4$, $1\le n\le 8$인 두 자연수 m, n에 대하여 $\sqrt[4]{n^m}$이 자연수가 되도록 하는 순서쌍 (m, n)의 개수를 구하시오.

8855-0045

15 지수함수 $f(x)=a^x-b(a>0,\ a\ne1)$의 그래프와 로그함수 $g(x)=\log_a(x+b)$의 그래프가 두 점 A, B에서 만날 때, 다음 조건을 만족시킨다.

(가) $\overline{AB}=4\sqrt{2}$
(나) 선분 AB를 수직이등분하는 직선의 방정식이 $x+y-4=0$이다.

a^4b의 값을 구하시오. (단, a, b는 실수이다.)

기출문항 변형

수능 맛보기

오른쪽 그림과 같이 두 함수 $y=2^x$, $y=2^x+2$의 그래프가 y축과 만나는 점을 각각 A, B라 하자. 직선 $y=k$가 두 함수 $y=2^x$, $y=2^x+2$의 그래프와 만나는 점을 각각 P, Q라 하고, y축과 만나는 점을 R라 하자. 점 Q가 선분 PR의 중점일 때, 사각형 APQB의 넓이는? (단, $k>3$이다.)

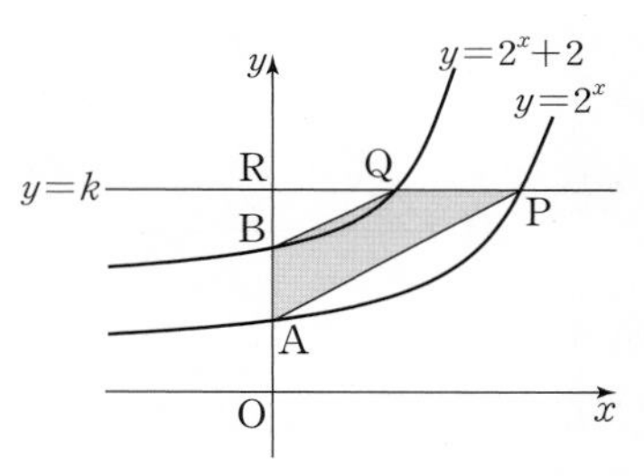

① $\frac{3}{2}$　② 2　③ $\frac{5}{2}$　④ 3　⑤ $\frac{7}{2}$

풀이

두 함수 $y=2^x$, $y=2^x+2$의 그래프가 y축과 만나는 점이 각각 A, B이므로

주어진 식에 $x=0$을 대입한다. 즉, x좌표가 0이다.

A(0, 1), B(0, 3)

두 함수 $y=2^x$, $y=2^x+2$의 그래프와 직선 $y=k$가 만나는 점이 각각 P, Q이고,

로그의 정의 $a^x=N \Longleftrightarrow x=\log_a N$

$2^x=k$에서 $x=\log_2 k$이므로 P$(\log_2 k,\ k)$

$2^x+2=k$에서 $2^x=k-2$, $x=\log_2(k-2)$이므로

Q$(\log_2(k-2),\ k)$

R$(0,\ k)$이고 점 Q가 선분 PR의 중점이므로

$2\overline{RQ}=\overline{RP}$

$2\log_2(k-2)=\log_2 k$, $\log_2(k-2)^2=\log_2 k$

$(k-2)^2=k$

$k=4\,(k>3)$

사각형 APQB의 넓이는 삼각형 APR의 넓이에서 삼각형 BQR의 넓이를 뺀 것과 같으므로

$\frac{1}{2}\times(4-1)\times\log_2 4-\frac{1}{2}\times(4-3)\times\log_2 2$

$\log_2 4=\log_2 2^2=2\log_2 2=2$

$=\frac{3}{2}\times 2-\frac{1}{2}\times 1=\frac{5}{2}$

답 ③

8855-0046

1 다음 그림과 같이 함수 $y=\log_8 x$의 그래프가 두 직선 $x=a$, $x=b$와 만나는 점을 각각 A, B라 하고, 함수 $y=\log_4 x$의 그래프가 두 직선 $x=a$, $x=b$와 만나는 점을 각각 C, D라 하자. 두 점 A, C에서 직선 $x=b$에 내린 수선의 발을 각각 E, F라 하고 삼각형 AEB의 넓이가 10일 때, 삼각형 CFD의 넓이는? (단, $1<a<b$이다.)

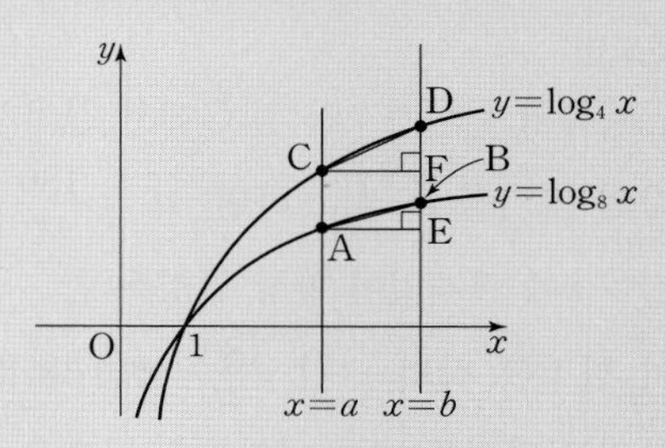

① 11　② 13　③ 15　④ 17　⑤ 19

8855-0047

2 다음 그림과 같이 두 곡선 $y=2^{x+1}-1$, $y=\log_3(x+2)-1$이 x축과 만나는 점을 각각 A, B라 하자. 곡선 $y=2^{x+1}-1$이 y축과 만나는 점을 C, 점 C를 지나고 x축에 평행한 직선이 곡선 $y=\log_3(x+2)-1$과 만나는 점을 D라 할 때, 사각형 ABDC의 넓이는?

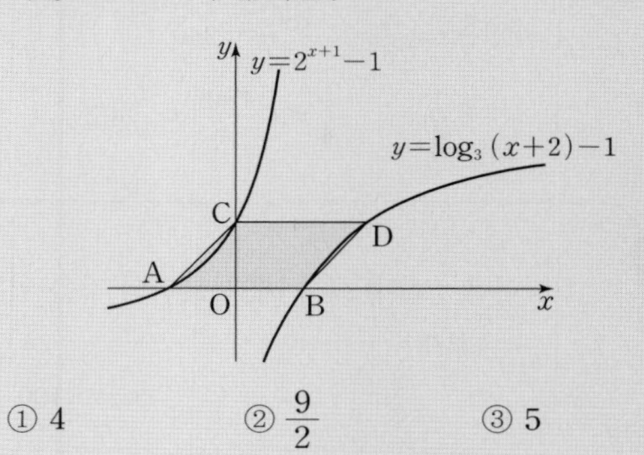

① 4　② $\frac{9}{2}$　③ 5　④ $\frac{11}{2}$　⑤ 6

01 삼각함수의 뜻과 그래프

정답과 풀이 12쪽

1 일반각과 호도법

(1) 일반각

① 두 반직선 OX, OP로 이루어진 도형을 ∠XOP라고 한다.
이때 반직선 OX를 **시초선**, 반직선 OP를 **동경**이라고 한다.

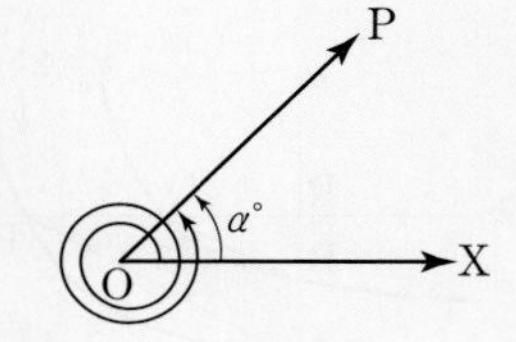

② ∠XOP의 크기❶ 중 하나를 α°❷라고 할 때, ∠XOP의 크기는

$360^\circ \times n + \alpha^\circ$ (단, n은 정수)

와 같이 나타내고 이것을 동경 OP가 나타내는 **일반각**이라고 한다.

③ 좌표평면 위의 원점 O에서 x축의 양의 부분을 시초선으로 잡을 때, 제1, 2, 3, 4분면에 있는 동경 OP가 나타내는 각을 각각 제1, 2, 3, 4분면의 각이라고 한다.

(2) 호도법

반지름의 길이가 r인 원 O에서 길이가 r인 호 AB의 중심각의 크기를 α°라고 하면, $\alpha^\circ = \frac{180^\circ}{\pi}$❸이고 이는 반지름의 길이 r에 관계없이 항상 일정하다.

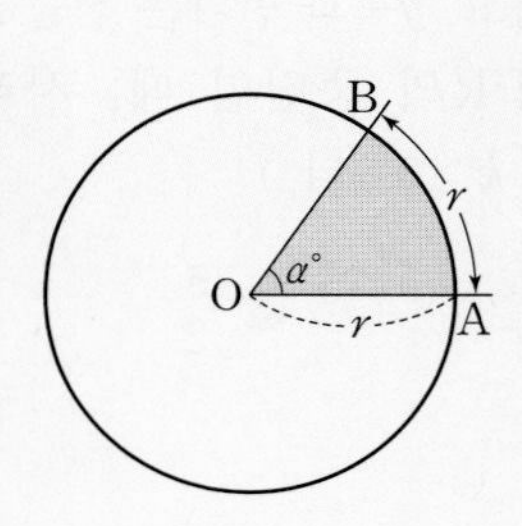

이 일정한 각의 크기 $\frac{180^\circ}{\pi}$를 **1라디안**❹이라 하고, 이것을 단위로 각의 크기를 나타내는 방법을 **호도법**이라고 한다.

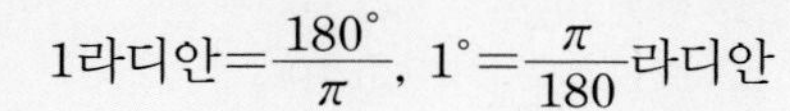

$$1\text{라디안} = \frac{180^\circ}{\pi},\ 1^\circ = \frac{\pi}{180}\text{라디안}$$

Plus

❶ ∠XOP의 크기는 고정된 반직선 OX의 위치에서 점 O를 중심으로 반직선 OP가 회전한 양으로 정의한다. 이때 시곗바늘이 도는 방향과 반대인 방향을 양의 방향, 시곗바늘이 도는 방향을 음의 방향이라고 한다.

❷ 일반각으로 나타낼 때, α는 보통 $0^\circ \le \alpha^\circ < 360^\circ$인 각을 택한다.

❸ $r : 2\pi r = \alpha^\circ : 360^\circ$
$2\pi r \times \alpha^\circ = r \times 360^\circ$
$\alpha^\circ = \frac{180^\circ}{\pi}$

❹ 호도법에서 라디안이라는 단위는 보통 생략한다.

예제 1 다음에서 육십분법으로 나타낸 각은 호도법으로, 호도법으로 나타낸 각은 육십분법으로 나타내시오.

(1) 30°　　(2) -120°　　(3) $\frac{4}{3}\pi$　　(4) $-\frac{1}{4}\pi$

풀이 (1) $30^\circ = 30 \times 1^\circ = 30 \times \frac{\pi}{180}(\text{라디안}) = \frac{\pi}{6}$

(2) $-120^\circ = -120 \times 1^\circ = -120 \times \frac{\pi}{180}(\text{라디안}) = -\frac{2}{3}\pi$

(3) $\frac{4}{3}\pi = \frac{4}{3}\pi \times \frac{180^\circ}{\pi} = 240^\circ$

(4) $-\frac{1}{4}\pi = -\frac{1}{4}\pi \times \frac{180^\circ}{\pi} = -45^\circ$

답 (1) $\frac{\pi}{6}$　(2) $-\frac{2}{3}\pi$　(3) 240°　(4) -45°

유제

8855-0048

1 다음 〈보기〉에서 제3사분면의 각을 있는 대로 고르시오.

보기

ㄱ. $-\frac{8}{3}\pi$　　ㄴ. -100°　　ㄷ. $\frac{3}{4}\pi$　　ㄹ. 660°

8855-0049

2 다음 중 각을 나타내는 동경이 60°를 나타내는 동경과 일치하는 것은?

① $-\frac{11}{3}\pi$　② $-\frac{5}{6}\pi$　③ $\frac{9}{4}\pi$　④ $\frac{8}{3}\pi$　⑤ $\frac{23}{5}\pi$

2 부채꼴의 호의 길이와 넓이

반지름의 길이가 r, 중심각의 크기가 θ(라디안)인 부채꼴에서 호의 길이를 l, 넓이를 S라 하면

$l=r\theta$ ❶

$S=\frac{1}{2}r^2\theta$ ❷

$=\frac{1}{2}r\times r\theta$

$=\frac{1}{2}rl$

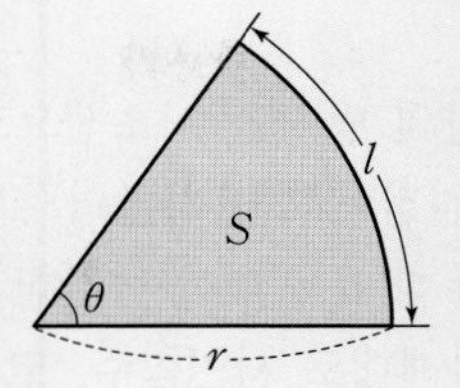

Plus

❶ 호의 길이는 중심각의 크기에 정비례하므로
$l : 2\pi r=\theta : 2\pi$
$2\pi l=2\pi r\theta$
$l=r\theta$

❷ 부채꼴의 넓이는 중심각의 크기에 정비례하므로
$S : \pi r^2=\theta : 2\pi$
$2\pi S=\pi r^2\theta$
$S=\frac{1}{2}r^2\theta$

예제 2 오른쪽 그림과 같이 반지름의 길이가 6, 중심각의 크기가 $\frac{2}{3}\pi$인 부채꼴의 호의 길이 l과 넓이 S를 구하시오.

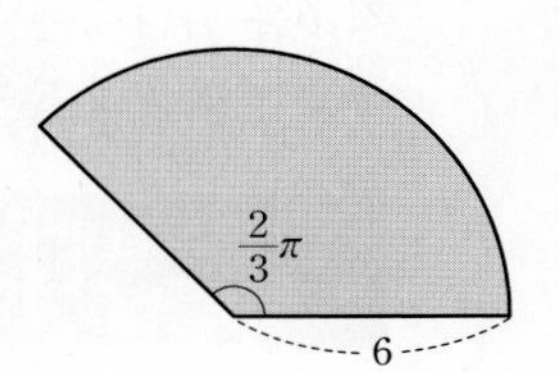

풀이 $r=6$, $\theta=\frac{2}{3}\pi$이므로

$l=r\theta=6\times\frac{2}{3}\pi=4\pi$

$S=\frac{1}{2}r^2\theta=\frac{1}{2}\times 6^2\times\frac{2}{3}\pi=12\pi$

└ $S=\frac{1}{2}rl=\frac{1}{2}\times 6\times 4\pi=12\pi$로 구할 수도 있다.

답 $l=4\pi$, $S=12\pi$

유제

8855-0050

3 오른쪽 그림과 같이 중심각의 크기가 $\frac{\pi}{3}$이고, 호의 길이가 2π인 부채꼴의 넓이를 구하시오.

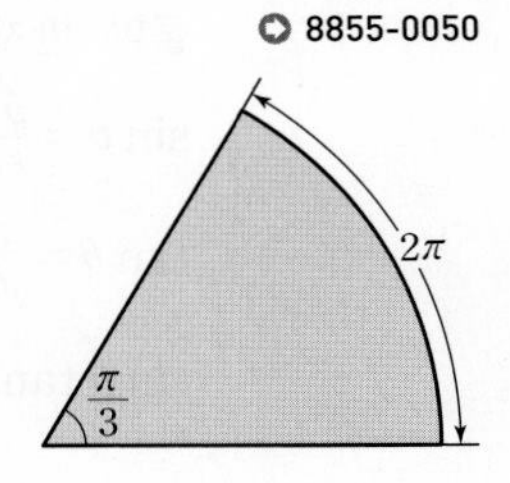

8855-0051

4 호의 길이가 3π, 넓이가 6π인 부채꼴의 반지름의 길이 r와 중심각의 크기 θ를 구하시오.

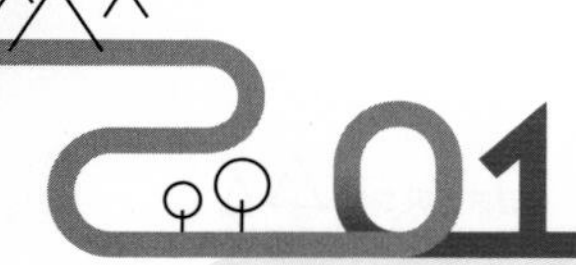

정답과 풀이 12쪽

3 삼각함수의 뜻과 부호

(1) 삼각함수의 뜻

원점 O에서 x축의 양의 방향을 시초선으로 하는 일반각 θ의 동경과 중심이 원점이고 반지름의 길이가 r인 원의 교점을 $\mathrm{P}(x, y)$라 할 때 θ에 대한 삼각함수를❶ 다음과 같이 정의하고, 이를 차례대로 **사인함수**, **코사인함수**, **탄젠트함수**라고 한다.

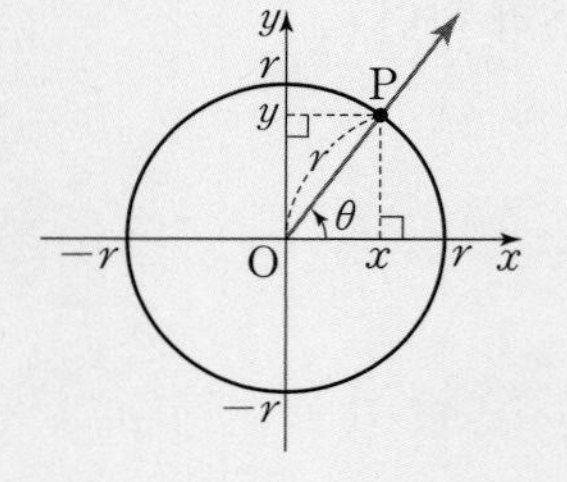

$$\sin\theta=\frac{y}{r},\ \cos\theta=\frac{x}{r},\ \tan\theta=\frac{y}{x}(x\neq0)$$

(2) 삼각함수의 부호

각 θ를 나타내는 동경 OP에서 점 P의 좌표를 (x, y)라고 하면 삼각함수의 값의 부호는❷ 각 θ의 동경이 위치한 사분면에 따라 다음과 같다.

삼각함수 \ 사분면	제1사분면 ($x>0$, $y>0$)	제2사분면 ($x<0$, $y>0$)	제3사분면 ($x<0$, $y<0$)	제4사분면 ($x>0$, $y<0$)
$\sin\theta$	+	+	−	−
$\cos\theta$	+	−	−	+
$\tan\theta$	+	−	+	−

Plus

❶ $\frac{y}{r}, \frac{x}{r}, \frac{y}{x}(x\neq0)$의 값은 r의 값에 관계없이 θ의 값에 따라 하나씩 결정되므로

$\theta\to\frac{y}{r}$, $\theta\to\frac{x}{r}$,

$\theta\to\frac{y}{x}(x\neq0)$

와 같은 대응은 θ에 대한 함수이다.

❷ 각 사분면에서 삼각함수 값의 부호가 +인 것을 나타내면 다음과 같다.

y
sin θ | sin θ, cos θ, tan θ
O x
tan θ | cos θ

예제 3 원점 O와 점 $\mathrm{P}(1, -\sqrt{3})$을 지나는 동경 OP가 나타내는 각의 크기를 θ라고 할 때, $\sin\theta\tan\theta$의 값을 구하시오.

풀이 반지름의 길이가 $\overline{\mathrm{OP}}=\sqrt{1^2+(-\sqrt{3})^2}=2$이므로

$\sin\theta=\frac{y}{r}=-\frac{\sqrt{3}}{2}$

$\tan\theta=\frac{y}{x}=-\frac{\sqrt{3}}{1}=-\sqrt{3}$

$\sin\theta\tan\theta=\left(-\frac{\sqrt{3}}{2}\right)\times(-\sqrt{3})=\frac{3}{2}$

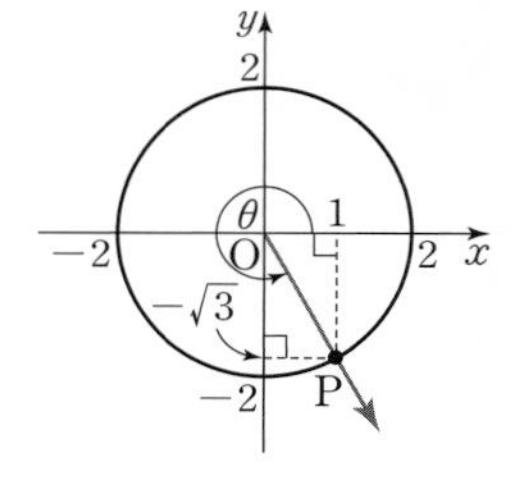

답 $\frac{3}{2}$

8855-0052

5 $\theta=\frac{5}{6}\pi$일 때, $\tan\theta-\cos\theta$의 값을 구하시오.

8855-0053

6 부등식 $\sin\theta\cos\theta<0$을 만족시키는 각 θ는 제몇 사분면의 각인지 구하시오.

4 삼각함수 사이의 관계

각 θ를 나타내는 동경과 원 $x^2+y^2=1$이 만나는 점을 $P(x, y)$라고 하면

$$\cos\theta=\frac{x}{1}=x,\ \sin\theta=\frac{y}{1}=y$$

이므로 다음 관계가 성립한다.

$$\tan\theta=\frac{y}{x}=\frac{\sin\theta}{\cos\theta}$$

$$\sin^2\theta+\cos^2\theta=x^2+y^2=1$$ ❶

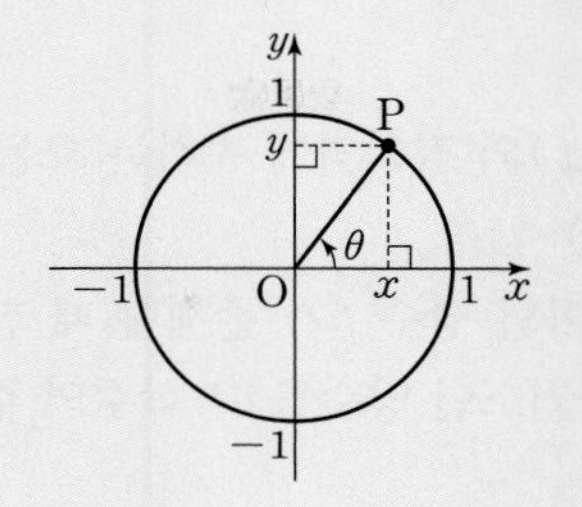

Plus

❶-1
$\sin^2\theta=(\sin\theta)^2$
$\cos^2\theta=(\cos\theta)^2$
$\tan^2\theta=(\tan\theta)^2$

❶-2
양변을 $\cos^2\theta$로 나누면
$\frac{\sin^2\theta}{\cos^2\theta}+1=\frac{1}{\cos^2\theta}$
$\tan^2\theta+1=\frac{1}{\cos^2\theta}$

각 θ가 제2사분면의 각이고 $\sin\theta=\frac{3}{5}$일 때, $\cos\theta-\tan\theta$의 값을 구하시오.

풀이 $\sin^2\theta+\cos^2\theta=1$이므로 $\left(\frac{3}{5}\right)^2+\cos^2\theta=1$

$\cos^2\theta=1-\left(\frac{3}{5}\right)^2=1-\frac{9}{25}=\frac{16}{25}$

각 θ가 제2사분면의 각이므로 $\cos\theta<0$이다.

$\cos\theta=-\frac{4}{5}$이고, $\tan\theta=\frac{\sin\theta}{\cos\theta}=\frac{\frac{3}{5}}{-\frac{4}{5}}=-\frac{3}{4}$이다.

따라서 $\cos\theta-\tan\theta=-\frac{4}{5}-\left(-\frac{3}{4}\right)=-\frac{1}{20}$

답 $-\frac{1}{20}$

[다른 풀이]

오른쪽 그림과 같이 각 θ를 나타내는 동경과 원점 O를 중심으로 하고 반지름의 길이가 5인 원의 교점을 P, 점 P에서 x축에 내린 수선의 발을 H라 하자.

$\sin\theta=\frac{y}{r}=\frac{3}{5}$이므로 점 P의 y좌표는 3이고 $\overline{PH}=3$이다.

피타고라스 정리에 의하여 $\overline{OH}=4$이므로 점 P의 x좌표는 -4이다.

그러므로 $\cos\theta=\frac{x}{r}=-\frac{4}{5}$, $\tan\theta=\frac{y}{x}=-\frac{3}{4}$이다.

따라서 $\cos\theta-\tan\theta=-\frac{4}{5}-\left(-\frac{3}{4}\right)=-\frac{1}{20}$

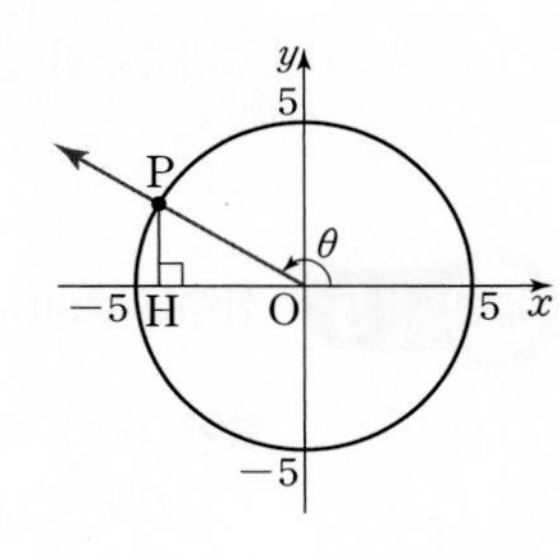

유제

8855-0054

7 $\sin\theta+\cos\theta=\frac{2}{3}$일 때, $\sin\theta\cos\theta$의 값을 구하시오.

8855-0055

8 $\sin\theta=\frac{1}{4}$일 때, $\frac{1}{\cos^2\theta}+\frac{\tan\theta}{\cos\theta}$의 값을 구하시오.

5 사인함수의 그래프

(1) 주기함수

일반적으로 함수 $f(x)$의 정의역에 속하는 모든 실수 x에 대하여

$$f(x+p)=f(x)$$

를 만족시키는 0이 아닌 상수 p가 존재할 때 함수 $f(x)$를 **주기함수**라고 하며, 이러한 상수 p 중에서 최소인 양수를 그 함수의 **주기**라고 한다.

(2) 사인함수의 그래프

각 θ를 나타내는 동경과 원 $x^2+y^2=1$의 교점을 $\mathrm{P}(x, y)$라 하면

$$\sin\theta=y$$

이므로 $\sin\theta$의 값은 점 P의 y좌표로 정해진다.

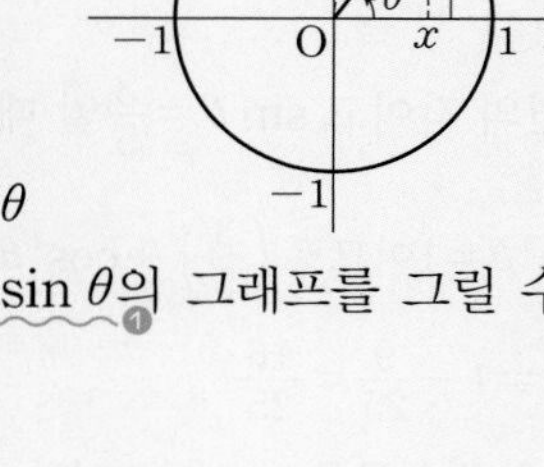

이때 각 θ의 값을 가로축에 나타내고 θ에 대응하는 $\sin\theta$의 값을 세로축에 나타내면 다음과 같은 사인함수 $y=\sin\theta$의❶ 그래프를 그릴 수 있다.

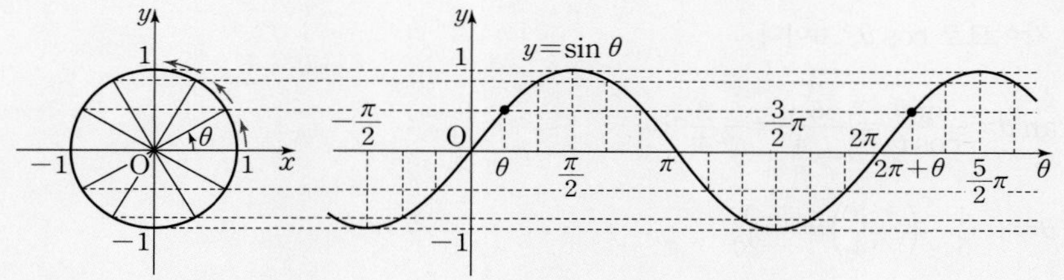

① 정의역은 실수 전체의 집합이고, 치역은 $\{y \mid -1\le y\le 1\}$이다.
② 그래프는 원점에 대하여 대칭이다.❷
③ 그래프가 2π의 간격으로 같은 모양이 반복되므로, 주기가 2π인 주기함수이다.❸

Plus

❶ 일반적으로 함수의 정의역의 원소는 x로 나타내므로 $y=\sin\theta$를 $y=\sin x$로 나타내기도 한다.
❷ $\sin(-\theta)=-\sin\theta$
❸-1 $\sin(2n\pi+\theta)=\sin\theta$ (n은 정수)
❸-2 $y=\sin ax$의 주기는 $\frac{2\pi}{|a|}$이다. ($a\neq0$인 상수)

예제 5 함수 $y=\sin 2x$의 주기와 치역을 구하시오.

풀이 $f(x)=\sin 2x$라 하면

$$f(x)=\sin 2x=\sin(2x+2\pi)=\sin\{2(x+\pi)\}=f(x+\pi)$$

이므로 함수 $y=\sin 2x$의 주기는 π이다.

(일반적으로 $y=\sin ax$의 주기는 $\frac{2\pi}{|a|}$이다. ($a\neq0$인 상수))

$-1\le\sin x\le1$에서 $-1\le\sin 2x\le1$

이므로 치역은 $\{y \mid -1\le y\le1\}$이다.

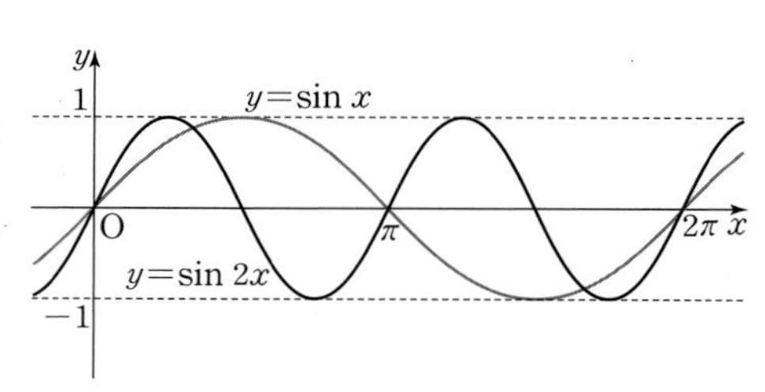

답 주기 : π, 치역 : $\{y \mid -1\le y\le1\}$

유제

8855-0056

9 함수 $y=3\sin 2x$의 주기와 치역을 구하시오.

8855-0057

10 함수 $y=\frac{1}{2}\sin 3x+1$의 주기와 치역을 구하시오.

6 코사인함수의 그래프

각 θ를 나타내는 동경과 원 $x^2+y^2=1$의 교점을 $\mathrm{P}(x,\ y)$라 하면

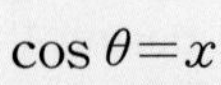

$\cos\theta=x$

이므로 $\cos\theta$의 값은 점 P의 x좌표로 정해진다.

원 $x^2+y^2=1$에서의 각 θ의 값을 가로축에 나타내고 θ에 대응하는 $\cos\theta$의 값을 세로축에 나타내면 다음과 같은 코사인함수 $y=\cos\theta$의 그래프를 그릴 수 있다.❶

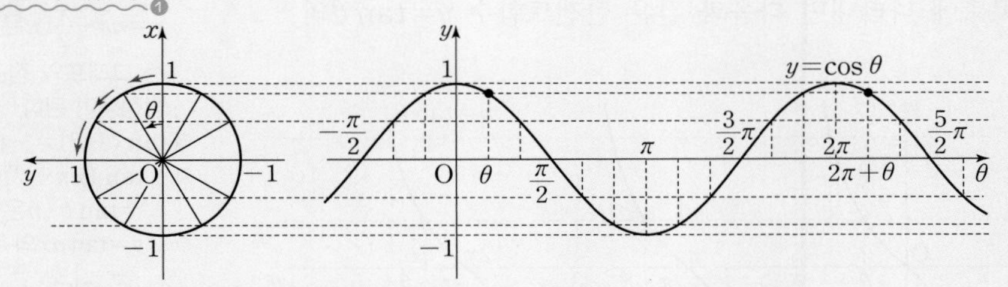

① 정의역은 실수 전체의 집합이고, 치역은 $\{y\,|\,-1\le y\le 1\}$이다.

② 그래프는 y축에 대하여 대칭이다.❷

③ 그래프가 2π의 간격으로 같은 모양이 반복되므로, 주기가 2π인 주기함수이다.❸

Plus

❶ $\cos\theta$의 값이 y의 값에 대응될 수 있도록 원의 좌표축을 양의 방향으로 90°만큼 회전시켜 그린다.

❷ $\cos(-\theta)=\cos\theta$

❸-1 $\cos(2n\pi+\theta)=\cos\theta$ (n은 정수)

❸-2 $y=\cos ax$의 주기는 $\dfrac{2\pi}{|a|}$이다. (단, $a\neq0$인 상수)

예제 6 함수 $y=-2\cos 2x+\dfrac{1}{2}$의 주기와 치역을 구하시오.

풀이 $f(x)=-2\cos 2x+\dfrac{1}{2}$이라고 하면

$$f(x)=-2\cos 2x+\frac{1}{2}=-2\cos(2x+2\pi)+\frac{1}{2}$$
$$=-2\cos\{2(x+\pi)\}+\frac{1}{2}=f(x+\pi)$$

이므로 함수 $y=-2\cos 2x+\dfrac{1}{2}$의 주기는 π이다.

$-1\le\cos 2x\le1$에서 $-2\le-2\cos 2x\le2$,

$-\dfrac{3}{2}\le-2\cos 2x+\dfrac{1}{2}\le\dfrac{5}{2}$

일반적으로 $y=\cos ax$의 주기는 $\dfrac{2\pi}{|a|}$이다. (단, $a\neq0$인 상수)

이므로 치역은 $\left\{y\,\middle|\,-\dfrac{3}{2}\le y\le\dfrac{5}{2}\right\}$이다.

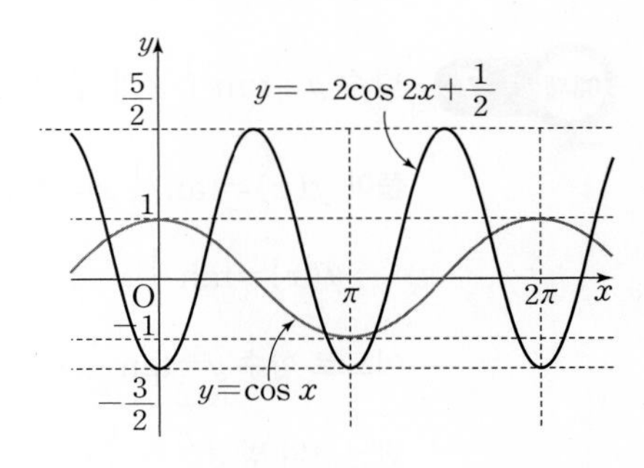

답 주기 : π, 치역 : $\left\{y\,\middle|\,-\dfrac{3}{2}\le y\le\dfrac{5}{2}\right\}$

8855-0058

11 함수 $y=\cos\left(x-\dfrac{\pi}{6}\right)+2$의 주기와 치역을 구하시오.

8855-0059

12 함수 $y=\dfrac{1}{3}\cos ax+b$의 주기가 π이고, 함수의 최댓값이 1일 때 상수 a, b의 합을 구하시오. (단, $a>0$)

7 탄젠트함수의 그래프

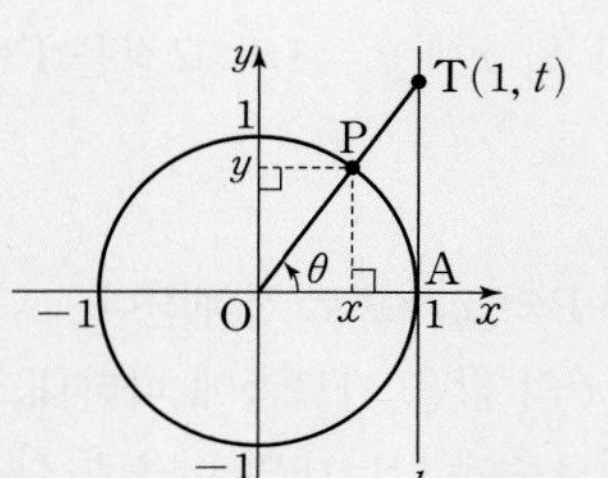

각 θ를 나타내는 동경과 원 $x^2+y^2=1$의 교점을 $\mathrm{P}(x, y)$라 하고, 점 $\mathrm{A}(1, 0)$에서의 접선 l과 동경 OP의 교점을 $\mathrm{T}(1, t)$라 하면

$$\tan\theta=\frac{y}{x}=\frac{t}{1}=t$$

이므로 $\tan\theta$의 값은 점 T의 y좌표로 정해진다.
원 $x^2+y^2=1$에서의 각 θ의 값을 가로축에 나타내고 θ에 대응하는 $\tan\theta$의 값을 세로축에 나타내면 다음과 같은 탄젠트함수 $y=\tan\theta$의 그래프를 그릴 수 있다.

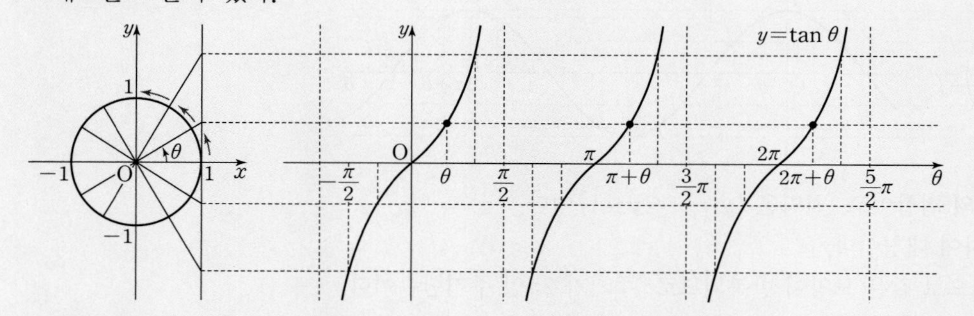

① 정의역은 $\left\{x \,\middle|\, x\neq n\pi+\frac{\pi}{2}(n\text{은 정수})\text{인 모든 실수}\right\}$❶이고, 치역은 실수 전체의 집합이다.
② 그래프는 원점에 대하여 대칭이다.❷
③ 그래프가 π의 간격으로 같은 모양이 반복되므로, 주기가 π인 주기함수❸이다.

Plus

❶ θ의 값이 $n\pi+\frac{\pi}{2}$ (n은 정수)일 때, 점 P의 x좌표는 0이므로 $\tan\theta$의 값은 정의되지 않는다.
또한, 직선 $x=n\pi+\frac{\pi}{2}$ (n은 정수)를 기준으로 $y=\tan x$의 그래프가 근접해 가므로 $x=n\pi+\frac{\pi}{2}$(n은 정수)는 그래프의 점근선의 방정식이 된다.
❷ $\tan(-\theta)=-\tan\theta$
❸-1 $\tan(n\pi+\theta)=\tan\theta$ (n은 정수)
❸-2 $y=\tan ax$의 주기는 $\frac{\pi}{|a|}$이다. (단, $a\neq0$인 정수)

예제 7 함수 $y=\tan\frac{1}{2}x$의 주기와 점근선의 방정식을 구하시오.

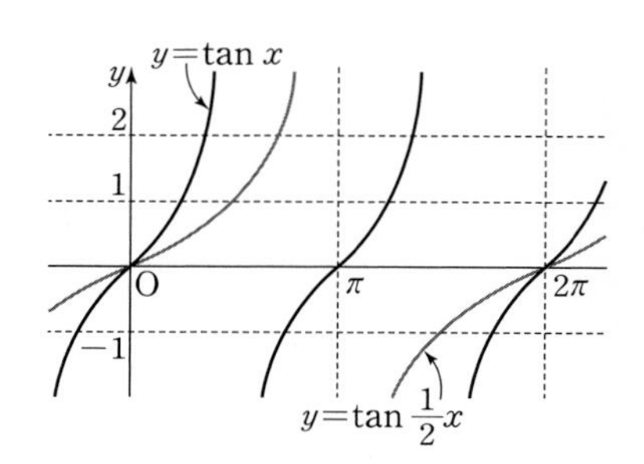

풀이 $f(x)=\tan\frac{1}{2}x$라 하면

$$f(x)=\tan\frac{1}{2}x=\tan\left(\frac{1}{2}x+\pi\right)=\tan\frac{1}{2}(x+2\pi)=f(x+2\pi)$$

이므로 함수 $y=\tan\frac{1}{2}x$의 주기는 2π이다.
(일반적으로 $y=\tan ax$의 주기는 $\frac{\pi}{|a|}$이다. (단, $a\neq0$인 상수))
점근선의 방정식은 $\frac{1}{2}x=n\pi+\frac{\pi}{2}$에서
$x=2n\pi+\pi$ (단, n은 정수)이다.

답 주기 : 2π, 점근선의 방정식 : $x=2n\pi+\pi$ (단, n은 정수)

유제

8855-0060

13 함수 $y=2\tan 2x$의 주기와 점근선의 방정식을 구하시오.

8855-0061

14 함수 $y=\tan(ax+b)$의 주기가 $\frac{\pi}{2}$이고, 점근선의 방정식이 $x=\frac{n}{2}\pi$(n은 정수)일 때 상수 a, b의 곱을 구하시오. (단, $a>0$, $0<b<\pi$이다.)

8 삼각함수의 성질

(1) $-x$의 삼각함수

함수 $y=\sin x$의 그래프와 $y=\tan x$의 그래프는 원점에 대하여 대칭, 함수 $y=\cos x$의 그래프는 y축에 대하여 대칭이므로 다음이 성립한다.

$$\sin(-x)=-\sin x,\ \cos(-x)=\cos x,\ \tan(-x)=-\tan x$$

(2) $\pi\pm x$의 삼각함수

함수 $y=\sin x$, $y=\cos x$의 그래프는 π간격으로 부호가 바뀌고, $y=\tan x$는 주기가 π인 함수이므로 다음이 성립한다.

$$\sin(\pi+x)=-\sin x,\ \cos(\pi+x)=-\cos x,\ \tan(\pi+x)=\tan x$$
$$\sin(\pi-x)=\sin x,\ \cos(\pi-x)=-\cos x,\ \tan(\pi-x)=-\tan x$$ ❶

(3) $\frac{\pi}{2}\pm x$의 삼각함수

함수 $y=\sin x$의 그래프를 x축의 방향으로 $-\frac{\pi}{2}$만큼 평행이동하면 함수 $y=\cos x$의 그래프와 일치하고, $y=\cos x$의 그래프를 x축의 방향으로 $-\frac{\pi}{2}$만큼 평행이동하면 함수 $y=\sin x$의 그래프가 y축에 대하여 대칭인 그래프와 일치하므로 다음이 성립한다.

$$\sin\left(\frac{\pi}{2}+x\right)=\cos x,\ \cos\left(\frac{\pi}{2}+x\right)=-\sin x$$
$$\sin\left(\frac{\pi}{2}-x\right)=\cos x,\ \cos\left(\frac{\pi}{2}-x\right)=\sin x$$ ❷

Plus

❶ $\sin(\pi-x)=\sin\{\pi+(-x)\}=-\sin(-x)=\sin x$

$\cos(\pi-x)=\cos\{\pi+(-x)\}=-\cos(-x)=-\cos x$

$\tan(\pi-x)=\tan\{\pi+(-x)\}=\tan(-x)=-\tan x$

❷ $\sin\left(\frac{\pi}{2}-x\right)=\sin\left\{\frac{\pi}{2}+(-x)\right\}=\cos(-x)=\cos x$

$\cos\left(\frac{\pi}{2}-x\right)=\cos\left\{\frac{\pi}{2}+(-x)\right\}=-\sin(-x)=\sin x$

예제 8 $\sin\frac{4}{3}\pi\times\cos\left(-\frac{\pi}{6}\right)\times\tan\frac{5}{6}\pi$의 값을 구하시오.

풀이 $\sin\frac{4}{3}\pi=\sin\left(\pi+\frac{\pi}{3}\right)=-\sin\frac{\pi}{3}=-\frac{\sqrt{3}}{2}$

$\cos\left(-\frac{\pi}{6}\right)=\cos\frac{\pi}{6}=\frac{\sqrt{3}}{2}$

$\tan\frac{5}{6}\pi=\tan\left(\pi-\frac{\pi}{6}\right)=-\tan\frac{\pi}{6}=-\frac{\sqrt{3}}{3}$

따라서 $\sin\frac{4}{3}\pi\times\cos\left(-\frac{\pi}{6}\right)\times\tan\frac{5}{6}\pi=-\frac{\sqrt{3}}{2}\times\frac{\sqrt{3}}{2}\times\left(-\frac{\sqrt{3}}{3}\right)=\frac{\sqrt{3}}{4}$

답 $\frac{\sqrt{3}}{4}$

유제

8855-0062

15 $\dfrac{\tan\left(-\frac{5}{4}\pi\right)}{\sin\left(\pi+\frac{2}{3}\pi\right)+\cos\left(\frac{\pi}{2}+\frac{\pi}{3}\right)}$의 값을 구하시오.

8855-0063

16 다음 식을 간단히 하시오.

$\sin^2(\pi+\theta)-\sin\left(\frac{\pi}{2}-\theta\right)\cos(\pi+\theta)$

9 삼각함수를 포함한 방정식과 부등식

각의 크기에 미지수가 있는 방정식과 부등식은 삼각함수의 그래프를 이용하여 풀 수 있다.

(1) 삼각함수를 포함한 방정식의 풀이

① 주어진 방정식을 $\sin x=k$(단, k는 상수) 꼴로 나타낸다.❶
② 좌표평면에 함수 $y=\sin x$의 그래프와 직선 $y=k$를 그린다.
③ 그래프의 대칭성과 주기를 고려하여 함수 $y=\sin x$의 그래프와 직선 $y=k$의 교점의 x좌표를 구한다.❷

(2) 삼각함수를 포함한 부등식의 풀이

① 주어진 부등식을 $\sin x>k$(단, k는 상수) 꼴로 나타낸다.
② 좌표평면에 함수 $y=\sin x$의 그래프와 직선 $y=k$를 그린다.
③ 그래프의 대칭성과 주기를 고려하여 주어진 부등식을 만족시키는 x의 값의 범위를 구한다.❸

Plus

❶ 같은 방법으로 $\cos x=k$와 $\tan x=k$에도 적용한다.
❷ 방정식 $f(x)=g(x)$의 해는 함수 $y=f(x)$의 그래프와 함수 $y=g(x)$의 그래프의 교점의 x좌표와 같다.
❸ $\sin x>k$이면 함수 $y=\sin x$의 그래프가 직선 $y=k$보다 위쪽에 있는 x의 값의 범위를 구한다.

예제 9 $0\le x<2\pi$일 때, 방정식 $2\sin x-\sqrt{3}=0$을 풀어라.

풀이 방정식을 정리하면

$\sin x=\frac{\sqrt{3}}{2}$

이므로 방정식의 해는 $0\le x<2\pi$에서 함수 $y=\sin x$의 그래프와 직선 $y=\frac{\sqrt{3}}{2}$의 교점의 x좌표와 같다.

따라서 구하는 해는 $x=\frac{\pi}{3}$ 또는 $x=\frac{2}{3}\pi$

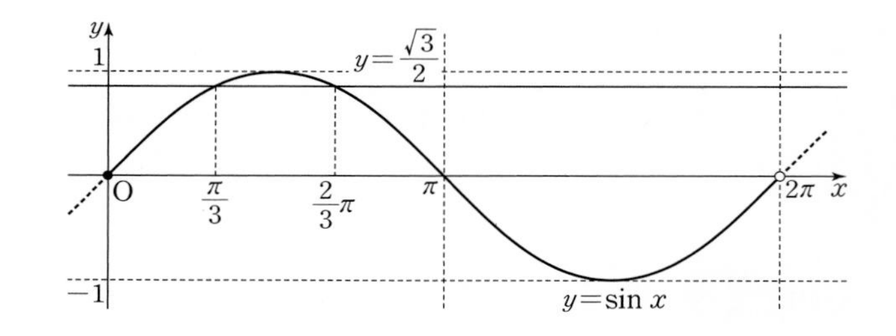

답 $x=\frac{\pi}{3}$ 또는 $x=\frac{2}{3}\pi$

유제

8855-0064

17 $0\le x<2\pi$일 때, 방정식 $\tan x-\sqrt{3}=0$을 만족시키는 모든 x의 값의 합을 구하시오.

8855-0065

18 $0\le x<2\pi$일 때, 부등식 $\frac{1}{2}\le\sin x\le\frac{\sqrt{3}}{2}$의 해를 구하시오.

기본 핵심 문제

| 부채꼴의 호의 길이와 넓이 | 8855-0066

1 오른쪽 그림과 같이 반지름의 길이가 5이고, 호의 길이가 π인 부채꼴 OAB가 있다. 색칠한 부분의 넓이가 $\frac{21}{10}\pi$일 때, 부채꼴 OCD의 반지름의 길이는?

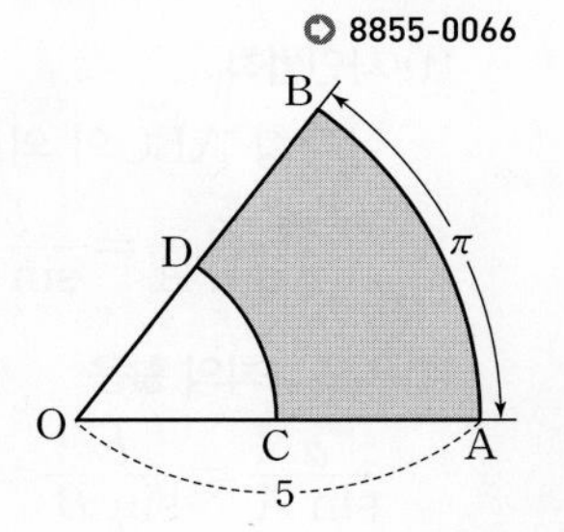

① $\frac{1}{2}$ ② 1 ③ $\frac{3}{2}$ ④ 2 ⑤ $\frac{5}{2}$

| 삼각함수 사이의 관계 | 8855-0067

2 $\tan\theta=\sqrt{2}$일 때, $\frac{\sin\theta\cos\theta}{1-\cos\theta}+\frac{\sin\theta\cos\theta}{1+\cos\theta}$의 값은?

① 1 ② $\sqrt{2}$ ③ 2 ④ $2\sqrt{2}$ ⑤ 4

| 사인함수의 그래프 | 8855-0068

3 주기가 $\frac{\pi}{2}$인 함수 $y=3\sin ax+b$의 최댓값이 5일 때, 최솟값은 m이다. 상수 a, b, m에 대하여 $a+b+m$의 값은? (단, $a>0$)

① 1 ② 2 ③ 3 ④ 4 ⑤ 5

| 삼각함수의 성질 | 8855-0069

4 $\tan\theta=\frac{1}{2}$일 때, $\cos(3\pi+\theta)+\sin\left(\frac{5}{2}\pi-\theta\right)+\tan(\pi-\theta)$의 값은?

① $-\frac{1}{2}$ ② $-\frac{1}{4}$ ③ 0 ④ $\frac{1}{4}$ ⑤ $\frac{1}{2}$

| 삼각함수를 포함한 방정식 | 8855-0070

5 $0\le x<2\pi$일 때, 방정식 $2\cos^2 x-3\sin x=0$을 만족시키는 모든 x의 값의 합은?

① $\frac{\pi}{2}$ ② $\frac{2}{3}\pi$ ③ $\frac{5}{6}\pi$ ④ π ⑤ $\frac{7}{6}\pi$

02 삼각함수의 활용

정답과 풀이 16쪽

1 사인법칙

(1) 사인법칙

삼각형 ABC의 외접원의 반지름의 길이를 R라 하면

$$\frac{a}{\sin A}=\frac{b}{\sin B}=\frac{c}{\sin C}=2R$$

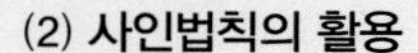

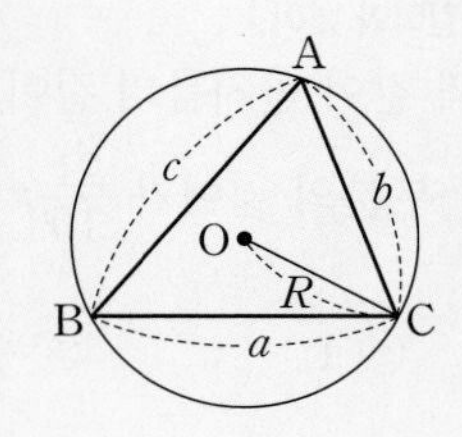

(2) 사인법칙의 활용

$$\frac{a}{\sin A}=\frac{b}{\sin B}=\frac{c}{\sin C}=2R$$

➡ $\sin A=\frac{a}{2R}$, $\sin B=\frac{b}{2R}$, $\sin C=\frac{c}{2R}$

➡ $a=2R\sin A$, $b=2R\sin B$, $c=2R\sin C$

➡ $a:b:c=\sin A:\sin B:\sin C$

Plus

삼각형 ABC에서 ∠A, ∠B, ∠C의 크기는 각각 A, B, C로 나타내고 꼭짓점 A, B, C와 마주 보는 변 BC, CA, AB의 길이는 각각 a, b, c로 나타낸다.

예제 1 삼각형 ABC에서 $A=30°$, $a=2$, $c=4$일 때, 다음을 구하시오.

(1) 삼각형 ABC의 외접원의 반지름 R의 길이

(2) B의 값

풀이 (1) 사인법칙에 의하여

$\frac{a}{\sin A}=2R$이므로

$\frac{2}{\sin 30°}=\frac{2}{\frac{1}{2}}=4=2R$

따라서 $R=2$

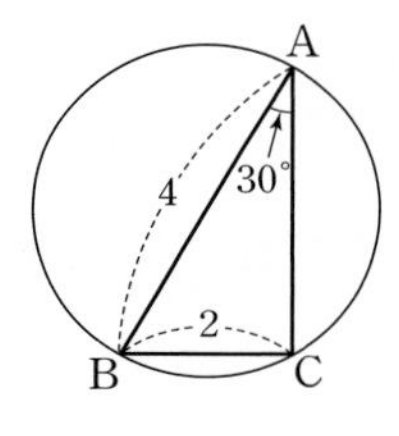

(2) 사인법칙에 의하여

$\frac{c}{\sin C}=2R$이므로 $\frac{4}{\sin C}=4$

$\sin C=1$이므로 $C=90°$ — 각 C는 삼각형의 내각이므로 $0°<C<180°$에서 찾는다.

$A=30°$, $C=90°$이므로 $B=60°$

답 (1) 2 (2) 60°

유제

8855-0071

1 삼각형 ABC에서 $A=\frac{\pi}{4}$, $B=\frac{7}{12}\pi$, $a=3\sqrt{2}$일 때, c의 값을 구하시오.

8855-0072

2 삼각형 ABC에서 등식 $\sin^2 A=\sin^2 B+\sin^2 C$가 성립할 때, 삼각형 ABC는 어떤 삼각형인지 말하시오.

2 코사인법칙

(1) 코사인법칙❶

삼각형 ABC에서

$a^2=b^2+c^2-2bc\cos A$

$b^2=c^2+a^2-2ca\cos B$

$c^2=a^2+b^2-2ab\cos C$

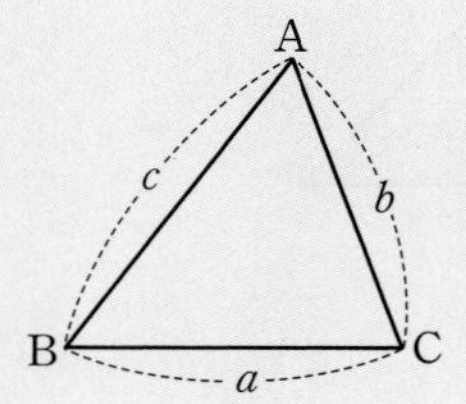

(2) 코사인법칙의 활용❷

$\cos A=\frac{b^2+c^2-a^2}{2bc}$

$\cos B=\frac{c^2+a^2-b^2}{2ca}$

$\cos C=\frac{a^2+b^2-c^2}{2ab}$

Plus

❶ 삼각형 ABC에서 두 변의 길이와 그 끼인 각의 크기를 알면 코사인법칙을 이용하여 나머지 한 변의 길이를 구할 수 있다.

❷ 삼각형 ABC에서 세 변의 길이 a, b, c를 알면 $\cos A$, $\cos B$, $\cos C$의 값 및 세 각의 크기 A, B, C의 값을 구할 수 있다.

삼각형 ABC에서 다음을 구하시오.

(1) $A=60°$, $b=6$, $c=4$일 때, a의 값

(2) $a=7$, $b=5$, $c=8$일 때, A의 값

풀이 (1) 코사인법칙에 의하여

$a^2=b^2+c^2-2bc\cos A=6^2+4^2-2\times6\times4\times\cos 60°=28$

그런데 $a>0$이므로 $a=\sqrt{28}=2\sqrt{7}$

(2) 코사인법칙에 의하여

$\cos A=\frac{b^2+c^2-a^2}{2bc}=\frac{5^2+8^2-7^2}{2\times5\times8}=\frac{1}{2}$

그런데 $0°<A<180°$이므로 $A=60°$

답 (1) $2\sqrt{7}$ (2) $60°$

8855-0073

3 오른쪽 그림과 같은 삼각형 ABC에서 $\cos C$의 값을 구하시오.

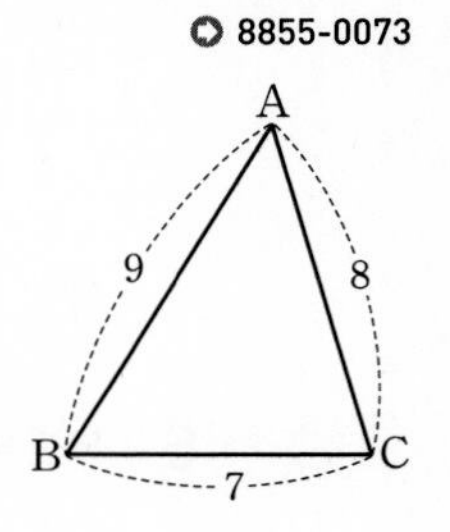

8855-0074

4 삼각형 ABC에서 $a\cos B=b\cos A$이면 삼각형 ABC는 어떤 삼각형인지 말하시오.

3 삼각형의 넓이

삼각형 ABC의 넓이를 S라 하면 ❶

$$S=\frac{1}{2}ab\sin C$$
$$=\frac{1}{2}bc\sin A$$
$$=\frac{1}{2}ca\sin B$$

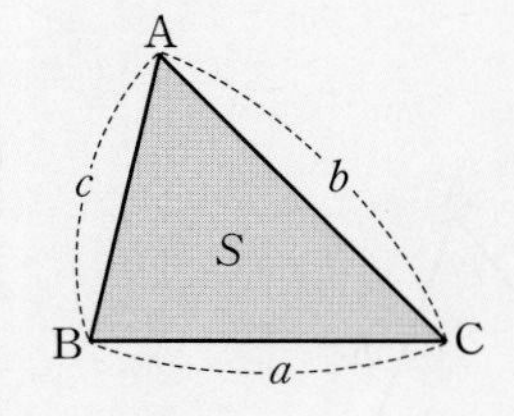

Plus

❶ 삼각형 ABC에서 두 변의 길이와 그 끼인 각의 크기가 주어진 경우 삼각형의 넓이를 구할 수 있다.

예제 3 다음 조건을 만족시키는 삼각형 ABC의 넓이를 구하시오.

(1) $b=4,\ c=4,\ A=135^\circ$

(2) $a=2,\ B=120^\circ,\ C=30^\circ$

풀이 (1) $S=\frac{1}{2}bc\sin A$

$=\frac{1}{2}\times4\times4\times\sin 135^\circ$

$=4\sqrt{2}$

(2) $B=120^\circ,\ C=30^\circ$이므로 $A=180^\circ-(120^\circ+30^\circ)=30^\circ$

따라서 삼각형 ABC는 오른쪽 그림과 같은 이등변삼각형이다.

$S=\frac{1}{2}\times2\times2\times\sin 120^\circ$

$=\sqrt{3}$

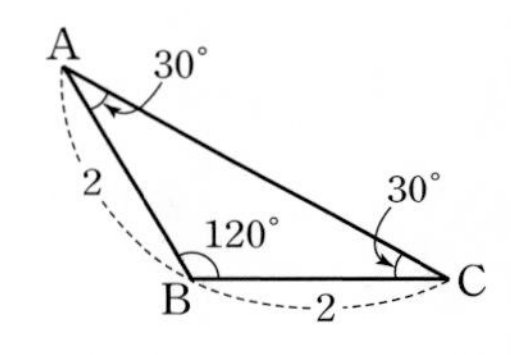

답 (1) $4\sqrt{2}$ (2) $\sqrt{3}$

유제

8855-0075

5 오른쪽 그림에서 삼각형 ABC의 넓이가 6일 때, 선분 AC의 길이를 구하시오.

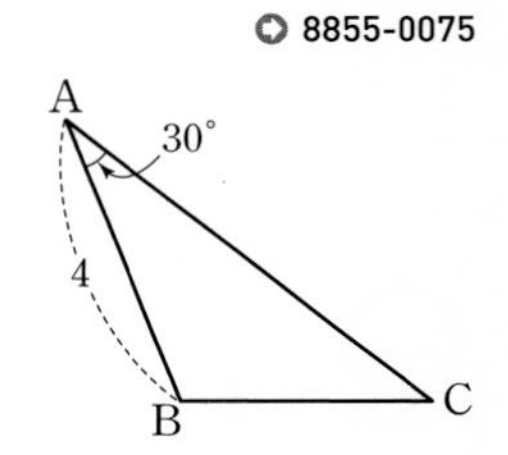

8855-0076

6 오른쪽 그림과 같은 평행사변형 ABCD의 넓이를 구하시오.

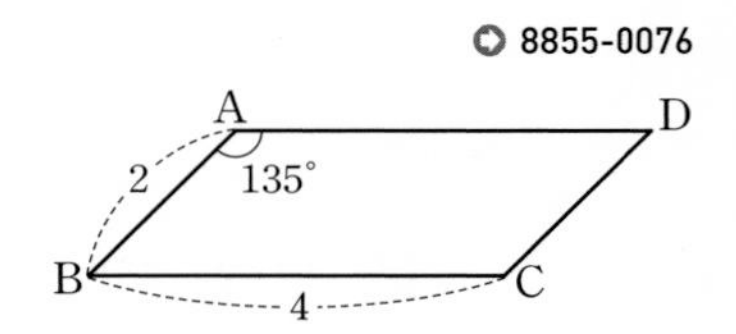

기본 핵심 문제

정답과 풀이 17쪽

| 사인법칙 |

8855-0077

1 삼각형 ABC에서 $a=6$, $b=4$, $A=120^\circ$일 때, $\sin B$의 값은 k, 삼각형 ABC의 외접원의 반지름의 길이는 R이다. 상수 k, R에 대하여 $k+R$의 값은?

① $\sqrt{3}$ ② $\frac{4\sqrt{3}}{3}$ ③ $\frac{5}{3}\sqrt{3}$ ④ $2\sqrt{3}$ ⑤ $\frac{7}{3}\sqrt{3}$

| 코사인법칙 |

8855-0078

2 오른쪽 그림과 같은 삼각형 ABC에서 선분 AC의 길이는?

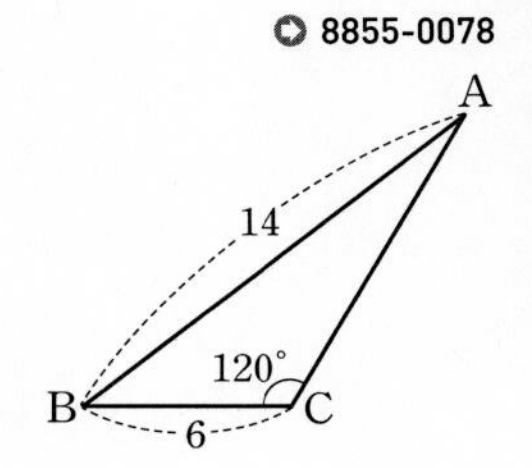

① 8 ② 9 ③ 10
④ 11 ⑤ 12

| 사인법칙과 코사인법칙 |

8855-0079

3 삼각형 ABC에서 $\sin A=2\cos B\sin C$가 성립할 때, 이 삼각형은 어떤 삼각형인가?

① 세 변의 길이가 모두 다른 예각삼각형
② 세 변의 길이가 모두 다른 둔각삼각형
③ $B=90^\circ$인 직각삼각형
④ $C=90^\circ$인 직각삼각형
⑤ $b=c$인 이등변삼각형

| 사인법칙의 활용 |

8855-0080

4 오른쪽 그림과 같이 직선으로 연결된 세 지점 A, B, C가 표시되어 있다. B 지점과 C 지점의 직선거리가 200 m일 때, A 지점과 B 지점의 직선거리는?

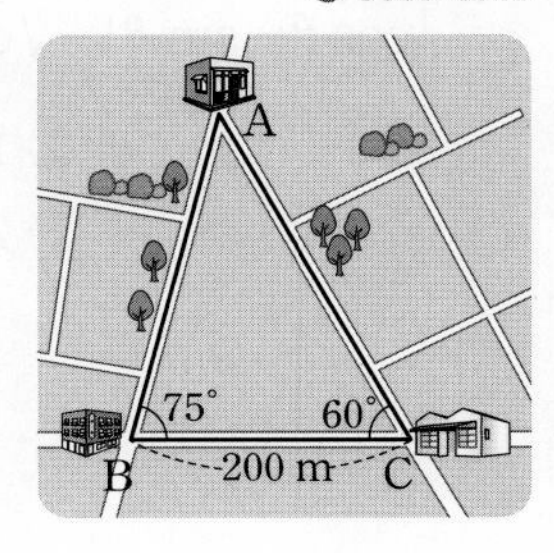

① $120\sqrt{3}$ m ② $100\sqrt{6}$ m ③ 250 m
④ $100\sqrt{7}$ m ⑤ 280 m

| 삼각형의 넓이 |

8855-0081

5 삼각형 ABC에서 $b=4$, $c=6$이고 $\sin(B+C)=\frac{1}{3}$일 때, 삼각형 ABC의 넓이는?

① 4 ② 6 ③ 8 ④ 10 ⑤ 12

단원 종합 문제

8855-0082

1 다음 중 각을 나타내는 동경이 위치하는 사분면이 다른 하나는?

① $-520°$　② $-\frac{5}{6}\pi$　③ $\frac{4}{3}\pi$
④ $\frac{11}{4}\pi$　⑤ $920°$

8855-0083

2 둘레의 길이가 20인 부채꼴의 넓이가 최대일 때의 반지름의 길이를 구하시오.

8855-0084

3 각 θ가 제2사분면의 각이고 $\cos\theta=-\frac{1}{3}$일 때, $|\cos\theta-\sin\theta|-\sqrt{\cos^2\theta}+|2\sin\theta|$의 값은?

① 0　② 1　③ $\sqrt{2}$
④ $2\sqrt{2}$　⑤ $2\sqrt{3}$

8855-0085

4 이차방정식 $2x^2-ax+1=0$의 두 근이 $\sin\theta$, $\cos\theta$일 때 양수 a의 값은?

① 1　② $\sqrt{3}$　③ $\sqrt{5}$
④ $2\sqrt{2}$　⑤ $2\sqrt{3}$

8855-0086

5 함수 $f(x)=\cos(ax-b)+c$의 주기가 π, 최댓값이 3이고 $f\left(\frac{\pi}{2}\right)=2$일 때, 상수 a, b, c의 곱 abc의 값은? (단, $a>0$, $0<b<\pi$)

① π　② $\frac{3}{2}\pi$　③ 2π
④ $\frac{5}{2}\pi$　⑤ 3π

8855-0087

6 두 양수 a, b에 대하여 함수 $y=a\sin bx$의 그래프가 오른쪽 그림과 같을 때, ab의 값은?

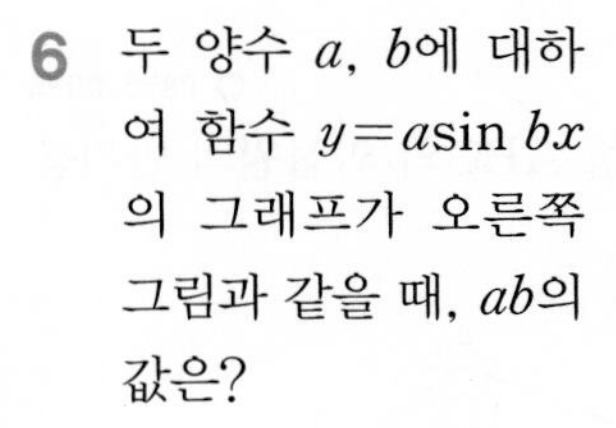

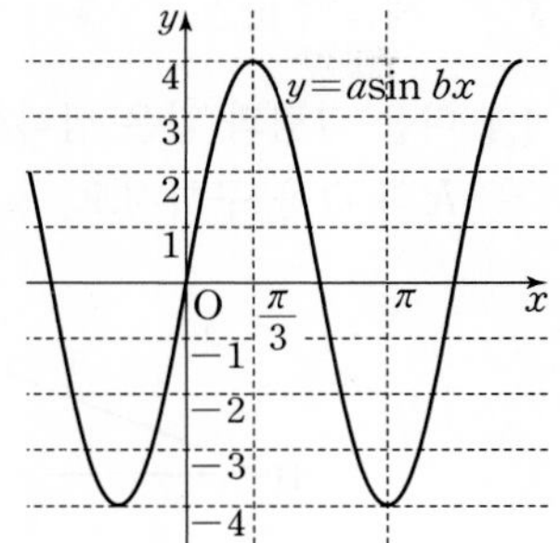

① 3
② 4
③ 5
④ 6
⑤ 7

8855-0088

7 $\dfrac{\cos\left(\frac{\pi}{2}+\theta\right)}{\tan(\pi-\theta)}-\dfrac{\sin\left(\frac{\pi}{2}+\theta\right)\sin\theta}{\sin\left(\frac{\pi}{2}-\theta\right)}$

를 간단히 하시오.

8855-0089

8 $0\le x<2\pi$에서 방정식

$$-2\sin x\tan x=3$$

의 해를 구하시오.

8855-0090

9 $0\le x<2\pi$에서 부등식

$$\tan^2 x-(1+\sqrt{3})\tan x+\sqrt{3}\le 0$$

을 만족시키는 x의 값 중 최댓값을 M, 최솟값을 m이라 할 때, $M+m$의 값은?

① $\frac{5}{4}\pi$　② $\frac{4}{3}\pi$　③ $\frac{17}{12}\pi$　④ $\frac{3}{2}\pi$　⑤ $\frac{19}{12}\pi$

8855-0091

10 삼각형 ABC에서

$$\sin A:\sin B:\sin C=2:3:4$$

일 때, $\cos A$의 값은?

① $\frac{4}{5}$　② $\frac{5}{6}$　③ $\frac{6}{7}$　④ $\frac{7}{8}$　⑤ $\frac{8}{9}$

Ⅱ. 삼각함수

8855-0092

11 다음 그림과 같이 100 m 떨어진 두 지점 A, B에서 산꼭대기 D를 올려본 각의 크기는 각각 $\angle DAC=30°$, $\angle DBC=45°$, $\angle ACB=30°$일 때, 지면에서부터 산꼭대기까지의 높이는?

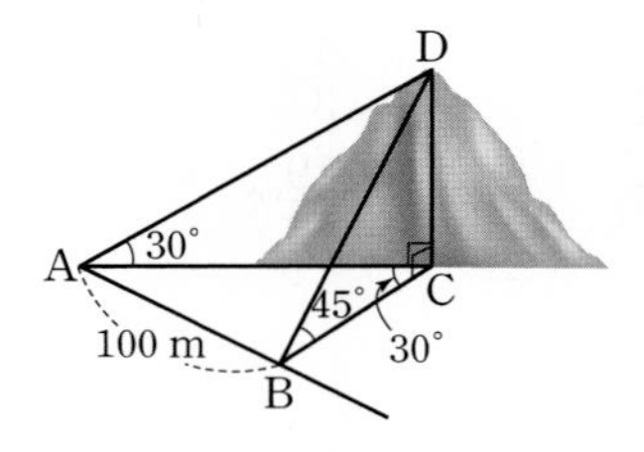

① 100 m ② 110 m ③ 120 m
④ 130 m ⑤ 140 m

8855-0093

12 오른쪽 그림과 같이 원에 내접하는 사각형 ABCD에서 $\overline{AB}=3$, $\overline{BC}=4$, $\overline{CD}=2$, $\overline{CA}=\sqrt{17}$일 때, 사각형 ABCD의 넓이를 구하시오.

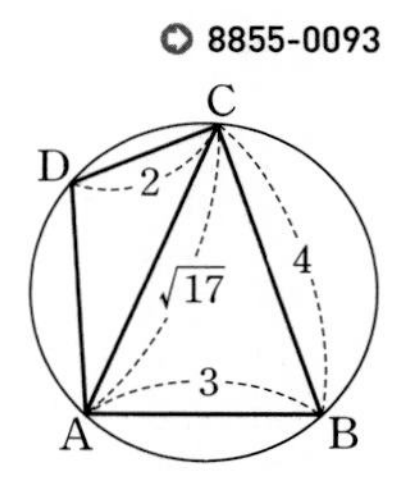

서술형 문항

8855-0094

13 다음 그림과 같은 삼각형 ABC의 외접원의 반지름 R의 값을 구하시오.

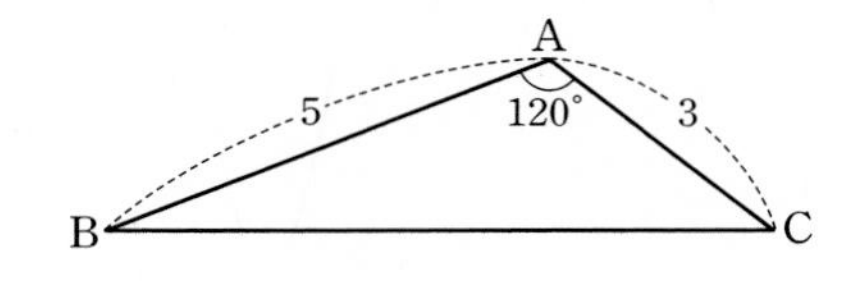

8855-0095

14 x에 대한 이차방정식

$$x^2+x\cos\theta+\sin\theta-1=0$$

이 중근을 가질 때, θ의 값을 구하시오.

(단, $0\le\theta<2\pi$)

기출문항 변형

수능 맛보기

$0 \le x < 2\pi$일 때, 방정식

$$\sin^2 x = \cos^2 x - \cos x$$

의 모든 해의 합은?

① 2π　② $\frac{5}{2}\pi$　③ 3π　④ $\frac{7}{2}\pi$　⑤ 4π

풀이

$\sin^2 x = 1 - \cos^2 x$이므로 ($\sin^2 x + \cos^2 x = 1$을 변형)

$\sin^2 x = \cos^2 x - \cos x$

$1 - \cos^2 x = \cos^2 x - \cos x$

$2\cos^2 x - \cos x - 1 = 0$

$(2\cos x + 1)(\cos x - 1) = 0$

$\cos x = -\frac{1}{2}$ 또는 $\cos x = 1$

($\cos x = t$로 치환하여 $2t^2 - t - 1 = 0$, $(2t+1)(t-1) = 0$, $t = -\frac{1}{2}$ 또는 $t = 1$ 로도 해결 가능)

(i) $\cos x = -\frac{1}{2}$에서

$x = \frac{2}{3}\pi$ 또는 $x = \frac{4}{3}\pi$

(ii) $\cos x = 1$에서

$x = 0$

(i), (ii)에서 주어진 방정식의 모든 해의 합은

$\frac{2}{3}\pi + \frac{4}{3}\pi + 0 = 2\pi$

답 2π

8855-0096

1 $0 \le x < 2\pi$일 때, 방정식

$$3\cos^2 x = 4(1 - \sin x)$$

의 모든 해의 합은?

① π　② $\frac{3}{2}\pi$　③ 2π　④ $\frac{5}{2}\pi$　⑤ 3π

8855-0097

2 $0 \le x < 2\pi$일 때, 부등식

$$2\sin^2 x \ge 2 - \cos x$$

를 만족시키는 모든 x의 값의 범위가 $\alpha \le x \le \beta$, $\gamma \le x \le \delta$일 때, $\delta - \alpha$의 값은? (단, $\beta < \gamma$)

① $\frac{4}{3}\pi$　② $\frac{5}{3}\pi$　③ 2π　④ $\frac{7}{3}\pi$　⑤ $\frac{8}{3}\pi$

01 등차수열과 등비수열

정답과 풀이 22쪽

1 수열의 뜻

(1) 수열 : 차례로 나열한 수의 열을 **수열**❶이라고 하고, 수열을 이루는 각각의 수를 그 수열의 **항**이라고 한다.

(2) 일반적으로 수열을 나타낼 때는 각 항에 번호를 붙여 a_1, a_2, a_3, $\cdots$, a_n, $\cdots$과 같이 나타내고, 이 수열을 간단히 기호로 $\{a_n\}$과 같이 나타낸다.

(3) 수열의 각 항을 앞에서부터 차례로 첫째항(제1항), 둘째항(제2항), 셋째항(제3항), $\cdots$, n째항(제n항)❷이라고 하고, a_n을 수열 $\{a_n\}$의 **일반항**❸이라고 한다.

Plus

❶ 수열은 정의역이 자연수 전체의 부분집합 N이고, 공역이 실수 전체의 집합 R인 함수 $f : N \rightarrow R$로 생각할 수 있다.

❷ 수열 2, 4, 6, $\cdots$, $2n$, $\cdots$의 첫째항은 2, 제3항은 6이다.

❸ 수열 2, 4, 6, $\cdots$, $2n$, $\cdots$의 제n항은 $2n$이므로 이 수열을 간단히 $\{2n\}$으로 나타낸다. 이때 $2n$은 이 수열의 일반항이다.

예제 1 다음 수열의 첫째항부터 제5항까지 나열하시오.

(1) $\{2n+1\}$　　　　(2) $\{10^n-1\}$

풀이 (1) 일반항 $a_n=2n+1$에 $n=1$, 2, 3, 4, 5를 차례로 대입하여 첫째항부터 제5항까지 구하면 3, 5, 7, 9, 11이다.

($n=1$, 2, 3, $\cdots$을 대입하면 모든 항을 구할 수 있다.)

(2) 일반항 $a_n=10^n-1$에 $n=1$, 2, 3, 4, 5를 차례로 대입하여 첫째항부터 제5항까지 구하면 9, 99, 999, 9999, 99999이다.

답 (1) 3, 5, 7, 9, 11　(2) 9, 99, 999, 9999, 99999

유제

8855-0098

1 수열 $\left\{\frac{2}{n+4}\right\}$의 제5항을 구하시오.

8855-0099

2 수열 $\{a_n\}$의 일반항이 $a_n=$(n을 3으로 나눈 나머지)일 때, 이 수열의 첫째항부터 제7항까지 나열하시오.

정답과 풀이 22쪽

2 등차수열

(1) 등차수열의 뜻

첫째항부터 차례로 일정한 수 d를 더하여 만들어지는 수열을 **등차수열**이라고 하고, 그 일정한 수 d를 **공차**라고 한다.❶

(2) 등차수열의 일반항

첫째항이 a, 공차가 d인 등차수열 $\{a_n\}$의 일반항은

$$a_n=a+(n-1)d \ (n=1, 2, 3, \cdots)$$ ❷

(3) 등차중항

세 수 a, b, c가 이 순서대로 등차수열을 이룰 때, b를 a와 c의 **등차중항**이라고 한다.

이때 $b-a=c-b$❸이므로 $2b=a+c$, 즉 $b=\frac{a+c}{2}$가 성립한다. 역으로 $b=\frac{a+c}{2}$이면 세 수 a, b, c가 이 순서대로 등차수열을 이룬다.

Plus

❶ 등차수열 $\{a_n\}$에서 제n항에 공차 d를 더하면 제$(n+1)$항이 되므로
$a_{n+1}=a_n+d$
$(n=1, 2, 3, \cdots)$
이 성립한다.

❷ 첫째항이 3, 공차가 2인 등차수열 $\{a_n\}$의 일반항은
$a_n=3+(n-1)\times 2$
$=2n+1$
이다.

❸ 등차수열은 이웃하는 두 항의 차가 일정하다.

2 다음 등차수열 $\{a_n\}$의 일반항을 구하시오.

(1) 첫째항이 5, 공차가 -2

(2) -4, -1, 2, 5, $\cdots$

풀이 (1) 첫째항이 5, 공차가 -2인 등차수열 $\{a_n\}$의 일반항은

$a_n=5+(n-1)\times(-2)=-2n+7$ — 첫째항이 a, 공차가 d인 등차수열 $\{a_n\}$의 일반항은 $a_n=a+(n-1)d$ $(n=1, 2, 3, \cdots)$

(2) 주어진 수열은 첫째항이 -4, 공차가 3인 등차수열이므로 일반항 a_n은

$a_n=-4+(n-1)\times 3=3n-7$ — $a_{n+1}=a_n+d$, 즉 $a_{n+1}-a_n=d$이므로 첫째항은 -4, 둘째항은 -1에서 $-1-(-4)=3$이 공차이다.

답 (1) $a_n=-2n+7$ (2) $a_n=3n-7$

8855-0100

3 제3항이 11, 제8항이 21인 등차수열 $\{a_n\}$의 일반항을 구하시오.

8855-0101

4 네 수 x, 12, y, 8이 이 순서대로 등차수열을 이룰 때, 실수 x, y의 값을 구하시오.

3 등차수열의 합

등차수열 $\{a_n\}$의 첫째항부터 제n항까지의 합을 S_n이라고 하면

$$S_n=a_1+a_2+a_3+\cdots+a_n$$

(1) 첫째항이 a, 제n항이 l일 때, $S_n=\frac{n(a+l)}{2}$ ❶

(2) 첫째항이 a, 공차가 d일 때, $S_n=\frac{n\{2a+(n-1)d\}}{2}$

Plus

❶ $S_n=\frac{n(a+l)}{2}$에서 제n항이 l이므로 $l=a+(n-1)d$이고, 이것을 위의 식에 대입하면

$S_n=\frac{n(a+l)}{2}$
$=\frac{n\{a+a+(n-1)d\}}{2}$
$=\frac{n\{2a+(n-1)d\}}{2}$
이다.

예제 3 다음 등차수열의 첫째항부터 제10항까지의 합을 구하시오.

(1) 첫째항이 -3, 제10항이 7

(2) 첫째항이 4, 공차가 -2

풀이 (1) 첫째항이 -3, 제10항이 7인 등차수열의 첫째항부터 제10항까지의 합은

$\frac{10(-3+7)}{2}=20$ ── 제10항이 주어졌으므로 $S_n=\frac{n(a+l)}{2}$을 이용한다.

(2) 첫째항이 4, 공차가 -2인 등차수열의 첫째항부터 제10항까지의 합은

$\frac{10\times\{2\times4+(10-1)\times(-2)\}}{2}=-50$ ── 공차가 주어졌으므로 $S_n=\frac{n\{2a+(n-1)d\}}{2}$을 이용한다.

답 (1) 20 (2) -50

유제

8855-0102

5 $a_2=1$, $a_5=10$인 등차수열 $\{a_n\}$의 첫째항부터 제8항까지의 합을 구하시오.

8855-0103

6 등차수열의 합 $1+3+5+7+9+\cdots+99$의 값을 구하시오.

4 등비수열

(1) 등비수열의 뜻

첫째항부터 차례로 일정한 수 r를 곱하여 만들어지는 수열을 **등비수열**이라고 하고, 그 일정한 수 r를 **공비**라고 한다.❶

(2) 등비수열의 일반항

첫째항이 a, 공비가 $r(r\neq0)$인 등비수열 $\{a_n\}$의 일반항은

$$a_n=ar^{n-1}\ (n=1,\ 2,\ 3,\ \cdots)$$❷

(3) 등비중항

0이 아닌 세 수 a, b, c가 이 순서대로 등비수열을 이룰 때, b를 a와 c의 **등비중항**이라고 한다. 이때 $\frac{b}{a}=\frac{c}{b}$❸이므로 $b^2=ac$가 성립한다. 역으로 $b^2=ac$가 성립하면 세 수 a, b, c가 이 순서대로 등비수열을 이룬다.

Plus

❶ 등비수열 $\{a_n\}$에서 제n항에 공비 $r(r\neq0)$를 곱하면 제$(n+1)$항이 되므로 $a_{n+1}=ra_n$ $(n=1,\ 2,\ 3,\ \cdots)$이 성립한다.

❷ 첫째항이 3, 공비가 -2인 등비수열 $\{a_n\}$의 일반항은 $a_n=3\times(-2)^{n-1}$이다.

❸ 등비수열은 이웃하는 두 항의 비가 일정하다.

예제 4 다음 등비수열 $\{a_n\}$의 일반항을 구하시오.

(1) 첫째항이 -2이고, 공비가 3

(2) $8,\ -4,\ 2,\ -1,\ \frac{1}{2},\ \cdots$

풀이 (1) 첫째항이 -2이고, 공비가 3인 등비수열 $\{a_n\}$의 일반항은

$a_n=-2\times3^{n-1}$ — 첫째항이 a, 공비가 $r(r\neq0)$인 등비수열 $\{a_n\}$의 일반항은 $a_n=ar^{n-1}$ $(n=1,\ 2,\ 3,\ \cdots)$

(2) 등비수열 $8,\ -4,\ 2,\ -1,\ \frac{1}{2},\ \cdots$은 첫째항이 8이고, 공비가 $-\frac{1}{2}$이므로

($a_{n+1}=ra_n$, 즉 $\frac{a_{n+1}}{a_n}=r$이므로 첫째항은 8, 둘째항은 -4에서 $\frac{-4}{8}=-\frac{1}{2}$이 공비이다.)

주어진 등비수열 $\{a_n\}$의 일반항은

$a_n=8\times\left(-\frac{1}{2}\right)^{n-1}$

답 (1) $a_n=-2\times3^{n-1}$ (2) $a_n=8\times\left(-\frac{1}{2}\right)^{n-1}$

8855-0104

7 모든 항이 실수이고, 제2항이 6, 제5항이 162인 등비수열 $\{a_n\}$의 일반항을 구하시오.

8855-0105

8 네 수 3, x, y, 24가 이 순서대로 등비수열을 이룰 때, 두 실수 x, y의 합 $x+y$의 값을 구하시오.

5 등비수열의 합

첫째항이 a, 공비가 $r(r\neq0)$인 등비수열 $\{a_n\}$의 첫째항부터 제n항까지의 합을 S_n이라고 하면

(1) $r\neq1$일 때, $S_n=\frac{a(1-r^n)}{1-r}$❶ $=\frac{a(r^n-1)}{r-1}$❷

(2) $r=1$일 때, $S_n=na$

Plus

❶ $r<1$일 때 사용하면 편리하다.

❷ $r>1$일 때 사용하면 편리하다.

예 첫째항이 3, 공비가 4인 등비수열의 첫째항부터 제10항까지의 합은

$\frac{3\times(4^{10}-1)}{4-1}=4^{10}-1$

이다.

예제 5 다음 등비수열의 첫째항부터 제10항까지의 합을 구하시오.

(1) 첫째항이 1, 공비가 $-\frac{1}{4}$

(2) 2, 6, 18, 54, …

풀이 (1) 첫째항이 1, 공비가 $-\frac{1}{4}$인 등비수열의 첫째항부터 제10항까지의 합은

$$\frac{1\left\{1-\left(-\frac{1}{4}\right)^{10}\right\}}{1-\left(-\frac{1}{4}\right)}=\frac{4}{5}\left\{1-\left(\frac{1}{4}\right)^{10}\right\}$$

$r<1$이므로 $S_n=\frac{a(1-r^n)}{1-r}$을 이용하면 편리하다.

(2) 등비수열 2, 6, 18, 54, …의 첫째항은 2, 공비는 3이므로 첫째항부터 제10항까지의 합은

$$\frac{2(3^{10}-1)}{3-1}=3^{10}-1$$

$r>1$이므로 $S_n=\frac{a(r^n-1)}{r-1}$을 이용하면 편리하다.

답 (1) $\frac{4}{5}\left\{1-\left(\frac{1}{4}\right)^{10}\right\}$ (2) $3^{10}-1$

유제

8855-0106

9 모든 항이 실수이고, $a_2=-6$, $a_5=48$인 등비수열 $\{a_n\}$의 첫째항부터 제5항까지의 합을 구하시오.

8855-0107

10 등비수열의 합 $\frac{1}{4}+\frac{1}{2}+1+2+\cdots+2^n$이 처음으로 64보다 커지는 자연수 n의 최솟값을 구하시오.

정답과 풀이 23쪽

| 수열의 뜻 |

8855-0108

1 수열 $\left\{\frac{17-2n}{n+1}\right\}$의 제$k$항은 1보다 작다. 자연수 k의 최솟값은?

① 4 ② 5 ③ 6 ④ 7 ⑤ 8

| 등차수열 |

8855-0109

2 $a_2=14$, $a_4=8$인 등차수열 $\{a_n\}$에서 처음으로 음수가 되는 항은 제몇 항인가?

① 제5항 ② 제6항 ③ 제7항 ④ 제8항 ⑤ 제9항

| 등차수열의 합 |

8855-0110

3 첫째항부터 제4항까지의 합이 -20, 첫째항부터 제10항까지의 합이 70인 등차수열의 첫째항부터 제n항까지의 합을 S_n이라 할 때, S_n이 최소가 되도록 하는 자연수 n의 값은?

① 3 ② 4 ③ 5 ④ 6 ⑤ 7

| 등비수열 |

8855-0111

4 첫째항과 공비가 모두 0이 아닌 등비수열 $\{a_n\}$에 대하여 $4a_3=a_2+4a_4$일 때, $\frac{a_{11}}{a_{10}}$의 값은?

① $\frac{1}{4}$ ② $\frac{1}{2}$ ③ 1 ④ 2 ⑤ 4

| 등비수열의 합 |

8855-0112

5 모든 항이 실수인 등비수열 $\{a_n\}$의 첫째항부터 제n항까지의 합을 S_n이라 하자. $S_3=7$, $S_6=63$일 때, S_9의 값은?

① 481 ② 491 ③ 501 ④ 511 ⑤ 521

02 수열의 합

정답과 풀이 25쪽

1 합의 기호 $\sum$

(1) 합의 기호 $\sum$의 뜻

수열 $\{a_n\}$의 첫째항부터 제n항까지의 합 $a_1+a_2+a_3+\cdots+a_n$을 기호 $\sum$를 사용하여 다음과 같이 나타낸다.

$$a_1+a_2+a_3+\cdots+a_n=\sum_{k=1}^{n}a_k$$ ❶

(2) 합의 기호 $\sum$의 성질

① $\sum_{k=1}^{n}(a_k+b_k)=\sum_{k=1}^{n}a_k+\sum_{k=1}^{n}b_k$

② $\sum_{k=1}^{n}(a_k-b_k)=\sum_{k=1}^{n}a_k-\sum_{k=1}^{n}b_k$

③ $\sum_{k=1}^{n}ca_k=c\sum_{k=1}^{n}a_k$ (단, c는 상수)

④ $\sum_{k=1}^{n}c=cn$ (단, c는 상수) ❷

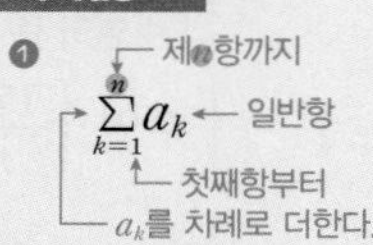

❶ $\sum_{k=1}^{n}a_k$ ← 제n항까지, 일반항, 첫째항부터, a_k를 차례로 더한다.

예 $2+4+6+\cdots+20$
$=2\times1+2\times2+2\times3+\cdots+2\times10$
$=\sum_{k=1}^{10}2k$

❷ $\sum_{k=1}^{n}c=\underbrace{c+c+c+\cdots+c}_{n\text{개}}$
$=cn$

예제 1 두 수열 $\{a_n\}$, $\{b_n\}$에 대하여 $\sum_{k=1}^{10}a_k=3$, $\sum_{k=1}^{10}b_k=5$일 때, 다음 식의 값을 구하시오.

(1) $\sum_{k=1}^{10}(a_k+2b_k-3)$

(2) $\sum_{k=1}^{10}(5a_k-b_k)-\sum_{k=1}^{10}(3a_k+2b_k-1)$

풀이 (1) $\sum_{k=1}^{10}(a_k+2b_k-3)=\sum_{k=1}^{10}a_k+\sum_{k=1}^{10}2b_k-\sum_{k=1}^{10}3$

$=\sum_{k=1}^{10}a_k+2\sum_{k=1}^{10}b_k-\sum_{k=1}^{10}3$

$=3+2\times5-3\times10=-17$

(2) $\sum_{k=1}^{10}(5a_k-b_k)-\sum_{k=1}^{10}(3a_k+2b_k-1)=\sum_{k=1}^{10}\{(5a_k-b_k)-(3a_k+2b_k-1)\}$

($\sum_{k=1}^{n}a_k-\sum_{k=1}^{n}b_k=\sum_{k=1}^{n}(a_k-b_k)$)

$=\sum_{k=1}^{10}(2a_k-3b_k+1)$

$=\sum_{k=1}^{10}2a_k-\sum_{k=1}^{10}3b_k+\sum_{k=1}^{10}1$

$=2\sum_{k=1}^{10}a_k-3\sum_{k=1}^{10}b_k+\sum_{k=1}^{10}1$

$=2\times3-3\times5+1\times10=1$

답 (1) -17 (2) 1

8855-0113

1 다음 식의 값을 구하시오.

(1) $\sum_{k=1}^{5}|k-3|$

(2) $\sum_{i=1}^{10}\frac{i}{5}$

8855-0114

2 수열 $\{a_n\}$에 대하여 $\sum_{k=1}^{5}a_k=2$, $\sum_{k=1}^{5}a_k^2=10$일 때, 다음 식의 값을 구하시오.

(1) $\sum_{k=1}^{5}(a_k-3)(a_k+3)$

(2) $\sum_{k=1}^{5}(2a_k-1)^2$

2 자연수의 거듭제곱의 합

(1) $1+2+3+\cdots+n=\sum_{k=1}^{n} k=\frac{n(n+1)}{2}$

(2) $1^2+2^2+3^2+\cdots+n^2=\sum_{k=1}^{n} k^2=\frac{n(n+1)(2n+1)}{6}$ ❶

(3) $1^3+2^3+3^3+\cdots+n^3=\sum_{k=1}^{n} k^3=\left\{\frac{n(n+1)}{2}\right\}^2$

Plus

❶ 예
$1^2+2^2+3^2+\cdots+6^2$
$=\sum_{k=1}^{6} k^2$
$=\frac{6(6+1)(2\times 6+1)}{6}$
$=91$

예제 2 다음 식의 값을 구하시오.

(1) $\sum_{k=1}^{5}(2k+3)$

(2) $\sum_{k=1}^{10}(k-1)(k+1)$

풀이 (1) $\sum_{k=1}^{5}(2k+3)=\sum_{k=1}^{5}2k+\sum_{k=1}^{5}3=2\sum_{k=1}^{5}k+\sum_{k=1}^{5}3$

$=2\times\frac{5\times(5+1)}{2}+3\times 5=45$

(2) $\sum_{k=1}^{10}(k-1)(k+1)=\sum_{k=1}^{10}(k^2-1)=\sum_{k=1}^{10}k^2-\sum_{k=1}^{10}1$

$=\frac{10\times(10+1)\times(2\times 10+1)}{6}-1\times 10$

$=\frac{10\times 11\times 21}{6}-10=375$

답 (1) 45 (2) 375

유제

8855-0115

3 다음 식의 값을 구하시오.

(1) $4^2+5^2+6^2+\cdots+10^2$

(2) $\sum_{n=1}^{5} n^2(2n-1)$

8855-0116

4 $\sum_{k=1}^{5}(2k-1)^2-\sum_{k=1}^{5}4(k-1)^2$의 값은?

① 30 ② 35 ③ 40 ④ 45 ⑤ 50

Ⅲ. 수열

③ 분수 꼴로 나타내어진 수열의 합

(1) $\sum_{k=1}^{n} \frac{1}{k(k+1)} = \sum_{k=1}^{n} \left(\frac{1}{k} - \frac{1}{k+1}\right)$ ❶

(2) $\sum_{k=1}^{n} \frac{1}{k(k+2)} = \sum_{k=1}^{n} \frac{1}{2}\left(\frac{1}{k} - \frac{1}{k+2}\right)$

④ 수열의 합과 일반항 사이의 관계

수열 $\{a_n\}$의 첫째항부터 제n항까지의 합을 S_n이라고 하면

$$a_1 = S_1,\ a_n = S_n - S_{n-1}\ (n \ge 2)$$ ❷

Plus

❶ 일반항이 분수 꼴이고, 분모가 두 일차식의 곱으로 나타나는 수열의 합을 구할 때는 다음 등식을 이용하면 편리하다.

$\frac{1}{AB} = \frac{1}{B-A}\left(\frac{1}{A} - \frac{1}{B}\right)$ (단, $A \ne B$)

❷ $S_n = a_1 + a_2 + a_3 + \cdots + a_n$에서

$n=1$일 때, $S_1 = a_1$

$n \ge 2$일 때,

$S_n = \underbrace{a_1 + a_2 + \cdots + a_{n-1}}_{S_{n-1}} + a_n = S_{n-1} + a_n$

예제 3 다음 합을 구하시오.

$$\frac{1}{1\times2} + \frac{1}{2\times3} + \frac{1}{3\times4} + \cdots + \frac{1}{n(n+1)}$$

풀이 $\frac{1}{1\times2} + \frac{1}{2\times3} + \frac{1}{3\times4} + \cdots + \frac{1}{n(n+1)}$

$= \sum_{k=1}^{n} \frac{1}{k(k+1)} = \sum_{k=1}^{n} \left(\frac{1}{k} - \frac{1}{k+1}\right)$

$= \left(1 - \frac{1}{2}\right) + \left(\frac{1}{2} - \frac{1}{3}\right) + \left(\frac{1}{3} - \frac{1}{4}\right) + \cdots + \left(\frac{1}{n} - \frac{1}{n+1}\right)$

$= 1 - \frac{1}{n+1} = \frac{n}{n+1}$

답 $\frac{n}{n+1}$

유제

8855-0117

5 다음 합을 구하시오.

$$\frac{1}{1\times3} + \frac{1}{3\times5} + \frac{1}{5\times7} + \cdots + \frac{1}{(2n-1)(2n+1)}$$

8855-0118

6 수열 $\{a_n\}$의 첫째항부터 제n항까지의 합 S_n이 $S_n = n^2 - 2n$일 때, 이 수열의 일반항을 구하시오.

기본 핵심 문제

정답과 풀이 26쪽

| 합의 기호 $\sum$ |

8855-0119

1 수열 $\{a_n\}$이 $\sum_{k=1}^{5} a_k=\sum_{k=1}^{4}(a_k+2)$를 만족시킬 때, a_5의 값은?

① 2 ② 4 ③ 6 ④ 8 ⑤ 10

| 합의 기호 $\sum$의 성질 |

8855-0120

2 두 수열 $\{a_n\}$, $\{b_n\}$에 대하여 $\sum_{k=1}^{10} 2a_k=18$, $\sum_{k=1}^{10}(b_k-2)=10$일 때, $\sum_{k=1}^{10}(a_k+2b_k-3)$의 값은?

① 27 ② 30 ③ 33 ④ 36 ⑤ 39

| 자연수의 거듭제곱의 합 |

8855-0121

3 이차방정식 $x^2-4x+3=0$의 두 근을 α, β라 할 때, $\sum_{k=1}^{8}(k-\alpha)(k-\beta)$의 값은?

① 82 ② 84 ③ 86 ④ 88 ⑤ 90

| 분수 꼴로 나타내어진 수열의 합 |

8855-0122

4 $\sum_{k=1}^{8} \frac{1}{k^2+3k+2}=\frac{q}{p}$일 때, $p+q$의 값은?(단, p, q는 서로소인 자연수이다.)

① 6 ② 7 ③ 8 ④ 9 ⑤ 10

| 수열의 합과 일반항 사이의 관계 |

8855-0123

5 수열 $\{a_n\}$이 모든 자연수 n에 대하여 $\sum_{k=1}^{n} a_k=n(n+1)(n+2)$를 만족시킬 때, $\sum_{k=1}^{9} \frac{1}{a_k}$의 값은?

① $\frac{1}{10}$ ② $\frac{1}{5}$ ③ $\frac{3}{10}$ ④ $\frac{2}{5}$ ⑤ $\frac{1}{2}$

Ⅲ. 수열

03 수학적 귀납법

정답과 풀이 27쪽

1 수열의 귀납적 정의(1)

(1) 수열 $\{a_n\}$을
① 처음 몇 개의 항의 값
② 이웃하는 여러 항 사이의 관계식
으로 정의하는 것을 수열의 **귀납적 정의**라고 한다.❶

(2) 일반적으로 수열 $\{a_n\}$에서
① 첫째항 a_1의 값
② 이웃하는 두 항 a_n과 a_{n+1} 사이의 관계식($n=1, 2, 3, \cdots$)
이 주어질 때, 주어진 관계식의 n에 1, 2, 3, ⋯을 차례로 대입하면 수열 $\{a_n\}$의 각 항을 구할 수 있다.

Plus

❶ 예 수열 1, 3, 5, 7, 9, ⋯는
(1) 일반항
$a_n=2n-1$
(2) 귀납적 정의
$a_1=1$
$a_{n+1}=a_n+2$
$(n=1, 2, 3, \cdots)$
를 이용하여 나타낼 수 있다.

예제 1

다음과 같이 정의된 수열 $\{a_n\}$의 제4항을 구하시오.

(1) $a_1=3,\ a_{n+1}=a_n+2\ (n=1, 2, 3, \cdots)$
(2) $a_1=2,\ a_{n+1}=a_n+n+1\ (n=1, 2, 3, \cdots)$

풀이 (1) $a_{n+1}=a_n+2$에 $n=1, 2, 3, \cdots$을 차례로 대입하면

$a_2=a_1+2=3+2=5$
$a_3=a_2+2=5+2=7$
$a_4=a_3+2=7+2=9$

따라서 수열 $\{a_n\}$의 제4항은 9이다.

(2) $a_{n+1}=a_n+n+1$에 $n=1, 2, 3, \cdots$을 차례로 대입하면

$a_2=a_1+1+1=2+1+1=4$
$a_3=a_2+2+1=4+2+1=7$
$a_4=a_3+3+1=7+3+1=11$

따라서 수열 $\{a_n\}$의 제4항은 11이다.

답 (1) 9 (2) 11

유제

8855-0124

1 다음과 같이 정의된 수열 $\{a_n\}$의 제5항을 구하시오.

$a_1=0,\ a_{n+1}={a_n}^2+1(n=1, 2, 3, \cdots)$

8855-0125

2 다음과 같이 정의된 수열 $\{a_n\}$의 제6항을 구하시오.

$a_1=1,\ a_{n+1}=\dfrac{n+1}{n+2}a_n\ (n=1, 2, 3, \cdots)$

2 수열의 귀납적 정의(2)

(1) 등차수열의 귀납적 정의 ❶

첫째항이 a, 공차가 d인 등차수열 $\{a_n\}$의 귀납적 정의

$a_1=a,\ a_{n+1}=a_n+d\ (n=1,\ 2,\ 3,\ \cdots)$

(예) 첫째항이 4, 공차가 2인 등차수열 $\{a_n\}$의 귀납적 정의

$a_1=4,\ a_{n+1}=a_n+2\ (n=1,\ 2,\ 3,\ \cdots)$

(2) 등비수열의 귀납적 정의 ❷

첫째항이 a, 공비가 $r(r\neq0)$인 등비수열 $\{a_n\}$의 귀납적 정의

$a_1=a,\ a_{n+1}=ra_n\ (n=1,\ 2,\ 3,\ \cdots)$

(예) 첫째항이 5, 공비가 3인 등비수열 $\{a_n\}$의 귀납적 정의

$a_1=5,\ a_{n+1}=3a_n\ (n=1,\ 2,\ 3,\ \cdots)$

Plus

❶ 등차수열 $\{a_n\}$에 대하여 $a_{n+1}-a_n=a_{n+2}-a_{n+1}$이므로 식을 정리하면 $2a_{n+1}=a_n+a_{n+2}$이다. 즉, 모든 자연수 n에 대하여 $2a_{n+1}=a_n+a_{n+2}$를 만족시키는 수열 $\{a_n\}$은 등차수열이다.

❷ 등비수열 $\{a_n\}$에 대하여 $\frac{a_{n+1}}{a_n}=\frac{a_{n+2}}{a_{n+1}}$이므로 식을 정리하면 $a_{n+1}{}^2=a_na_{n+2}$이다. 즉, 모든 자연수 n에 대하여 $a_{n+1}{}^2=a_na_{n+2}$를 만족시키는 수열 $\{a_n\}$은 등비수열이다.

예제 2 다음과 같이 정의된 수열 $\{a_n\}$의 제30항을 구하시오.

(1) $a_1=10,\ a_{n+1}=a_n-2\ (n=1,\ 2,\ 3,\ \cdots)$

(2) $a_1=1,\ a_2=4,\ 2a_{n+1}=a_n+a_{n+2}\ (n=1,\ 2,\ 3,\ \cdots)$

풀이 (1) $a_{n+1}=a_n-2\ (n=1,\ 2,\ 3,\ \cdots)$에서 ($a_{n+1}=a_n+d$이므로 등차수열)

수열 $\{a_n\}$은 첫째항이 10, 공차가 -2인 등차수열이므로 일반항 a_n은

$a_n=10+(n-1)\times(-2)=-2n+12$

따라서 $a_{30}=-2\times30+12=-48$

(2) $2a_{n+1}=a_n+a_{n+2}\ (n=1,\ 2,\ 3,\ \cdots)$에서 ($2a_{n+1}=a_n+a_{n+2}$이므로 등차수열)

수열 $\{a_n\}$은 첫째항이 1, 공차가 $a_2-a_1=4-1=3$인 등차수열이므로 일반항 a_n은

$a_n=1+(n-1)\times3=3n-2$

따라서 $a_{30}=3\times30-2=88$

답 (1) -48 (2) 88

유제

8855-0126

3 다음과 같이 정의된 수열 $\{a_n\}$의 a_{10}을 구하시오.

$a_1=\frac{1}{2},\ a_{n+1}=2a_n\ (n=1,\ 2,\ 3,\ \cdots)$

8855-0127

4 다음과 같이 정의된 수열 $\{a_n\}$의 a_8을 구하시오.

$a_1=64,\ a_2=-32,\ (a_{n+1})^2=a_na_{n+2}\ (n=1,\ 2,\ 3,\ \cdots)$

03 수학적 귀납법

정답과 풀이 27쪽

3 수학적 귀납법

자연수 n에 대한 명제 $p(n)$이 모든 자연수 n에 대하여 성립함을 증명하려면 다음 두 가지가 성립함을 보이면 된다.

❶ (i) $n=1$일 때, 명제 $p(n)$이 성립한다.
(ii) $n=k$일 때, 명제 $p(n)$이 성립한다고 가정하면 $n=k+1$일 때에도 명제 $p(n)$이 성립한다.

자연수에 대한 어떤 명제가 참임을 증명하는 이와 같은 방법을 **수학적 귀납법**이라고 한다.

Plus

❶ (i), (ii)가 성립하므로 모든 자연수 n에 대하여 명제 $p(n)$이 성립한다고 할 수 있다. 왜냐하면 (i)에 의하여 $n=1$일 때 명제 $p(1)$이 성립하고, (ii)에 의하여 $p(2)$, $p(3)$, $p(4)$, …가 차례대로 성립하기 때문이다.

예제 3 모든 자연수 n에 대하여 다음 등식이 성립함을 수학적 귀납법으로 증명하시오.

$1+3+5+\cdots+(2n-1)=n^2$

풀이 (i) $n=1$일 때 (좌변)$=1$, (우변)$=1^2=1$이므로 주어진 등식이 성립한다.
(ii) $n=k$일 때 주어진 등식이 성립한다고 가정하면

$1+3+5+\cdots+(2k-1)=k^2$ …… ㉠

이므로 ㉠의 양변에 $2k+1$을 더하여 정리하면

$$1+3+5+\cdots+(2k-1)+(2k+1)=k^2+2k+1$$
$$=(k+1)^2$$

따라서 $n=k+1$일 때에도 주어진 등식이 성립한다. ─ 처음의 식에 $n=k+1$을 대입했을 경우에 $1+3+5+\cdots+(2k-1)+(2k+1)=(k+1)^2$과 같다.

(i), (ii)에 의하여 주어진 등식은 모든 자연수 n에 대하여 성립한다.

답 풀이 참조

유제 5 ◎ 8855-0128

다음은 모든 자연수 n에 대하여 등식

$$1^2+2^2+3^2+\cdots+n^2=\frac{n(n+1)(2n+1)}{6}$$

이 성립함을 수학적 귀납법으로 증명한 것이다.

(i) $n=1$일 때, (좌변)$=1^2=1$, (우변)$=\frac{1\times2\times3}{6}=1$이므로 주어진 등식이 성립한다.
(ii) $n=k$일 때 주어진 등식이 성립한다고 가정하면

$$1^2+2^2+3^2+\cdots+k^2=\frac{k(k+1)(2k+1)}{6} \quad \cdots\cdots ㉠$$

이므로 ㉠의 양변에 (가) 을 더하면

$$1^2+2^2+3^2+\cdots+k^2+\text{(가)}=\frac{k(k+1)(2k+1)}{6}+\text{(가)}$$
$$=\text{(나)}$$

이므로 $n=k+1$일 때에도 주어진 등식이 성립한다.
(i), (ii)에 의하여 주어진 등식은 모든 자연수 n에 대하여 성립한다.

위의 증명 과정에서 (가), (나)에 알맞은 식을 각각 $f(k)$, $g(k)$라 할 때, $f(2)+g(2)$의 값을 구하시오.

정답과 풀이 28쪽

| 수열의 귀납적 정의 | ⊙ 8855-0129

1 수열 $\{a_n\}$이 $a_1=-1$, $a_{n+1}=2a_n+3$ $(n=1, 2, 3, \cdots)$으로 정의될 때, a_6의 값은?

① 52 ② 55 ③ 58 ④ 61 ⑤ 64

| 수열의 귀납적 정의 | ⊙ 8855-0130

2 수열 $\{a_n\}$이 $a_1=a_2+72$, $a_{n+1}=-\frac{1}{2}a_n$ $(n=1, 2, 3, \cdots)$으로 정의될 때, a_5의 값은?

① -15 ② -6 ③ 3 ④ 12 ⑤ 21

| 수열의 귀납적 정의 | ⊙ 8855-0131

3 300 L의 물이 들어 있는 물통에서 물을 10 %만큼 사용하고 20 L의 물을 넣었다. 이와 같은 과정을 n번 반복한 후 물통에 남아 있는 물의 양을 a_n L라고 할 때, a_n과 a_{n+1} 사이에는

$$a_{n+1}=pa_n+q \ (n=1, 2, 3, \cdots)$$

의 관계식이 성립한다. 상수 p, q에 대하여 $a_1+10p+q$의 값은?

① 309 ② 319 ③ 329 ④ 339 ⑤ 349

| 수학적 귀납법 | ⊙ 8855-0132

4 다음은 모든 자연수 n에 대하여 등식

$$\frac{1}{1\times2}+\frac{1}{2\times3}+\cdots+\frac{1}{n(n+1)}=\frac{n}{n+1}$$

이 성립함을 수학적 귀납법으로 증명한 것이다.

(i) $n=1$일 때, (좌변)$=\frac{1}{1\times2}=\frac{1}{2}$, (우변)$=\frac{1}{1+1}=\frac{1}{2}$이므로 주어진 등식이 성립한다.

(ii) $n=k$일 때 주어진 등식이 성립한다고 가정하면

$$\frac{1}{1\times2}+\frac{1}{2\times3}+\cdots+\frac{1}{k(k+1)}=\frac{k}{k+1} \quad \cdots\cdots ㉠$$

이므로 ㉠의 양변에 [(가)]을 더하면

$$\frac{1}{1\times2}+\frac{1}{2\times3}+\cdots+\frac{1}{k(k+1)}+\boxed{(가)}=\frac{k}{k+1}+\boxed{(가)}$$
$$=\frac{\boxed{(나)}}{(k+1)(k+2)}$$
$$=\boxed{(다)}$$

이므로 $n=k+1$일 때에도 주어진 등식이 성립한다.

(i), (ii)에 의하여 주어진 등식은 모든 자연수 n에 대하여 성립한다.

위의 증명 과정에서 (가), (나), (다)에 알맞은 식을 각각 $f(k)$, $g(k)$, $h(k)$라 할 때, $f(2)\times g(3)\times h(4)$의 값은?

① $\frac{10}{9}$ ② $\frac{9}{8}$ ③ $\frac{8}{7}$ ④ $\frac{7}{6}$ ⑤ $\frac{6}{5}$

단원 종합 문제

8855-0133

1 등차수열 $\{a_n\}$에서 $a_2+a_3+a_4=21$, $a_6=18-a_2$일 때, a_{10}의 값은?

① 15 ② 17 ③ 19
④ 21 ⑤ 23

8855-0134

2 집합 $\{1, 2, 3, 4, 5, 6, 7, 8, 9\}$에서 선택한 세 개의 원소 a_1, a_2, a_3가 등차수열이 되는 경우의 수는? (단, $a_1<a_2<a_3$)

① 15 ② 16 ③ 17
④ 18 ⑤ 19

8855-0135

3 등차수열 $\{a_n\}$에 대하여 $a_{10}=16$, $a_{20}=46$일 때, $|a_1|+|a_2|+|a_3|+\cdots+|a_{20}|$의 값은?

① 398 ② 402 ③ 406
④ 410 ⑤ 414

8855-0136

4 첫째항이 3이고 공차가 d인 등차수열 $\{a_n\}$의 첫째항부터 제n항까지의 합을 S_n이라 할 때, $a_4-a_2=S_4-S_2$가 성립한다. d의 값은?

① -1 ② -2 ③ -3
④ -4 ⑤ -5

8855-0137

5 모든 항이 양수인 등비수열 $\{a_n\}$에 대하여 $a_1=256$, $a_3=16$일 때, $a_n<1$이 되는 자연수 n의 최솟값은?

① 4 ② 6 ③ 8
④ 10 ⑤ 12

8855-0138

6 등비수열 $\{a_n\}$의 첫째항부터 제n항까지의 합 S_n에 대하여 $\frac{S_4}{S_2}=8$일 때, $\frac{S_6}{S_2}$의 값은?

① 53 ② 54 ③ 55
④ 56 ⑤ 57

8855-0139

7 자연수 n에 대하여 집합 $\{x|x$는 n 이하의 자연수$\}$의 부분집합의 개수를 a_n이라 할 때, $\sum_{k=1}^{n} a_k=1022$를 만족시키는 n의 값은?

① 9 ② 10 ③ 11
④ 12 ⑤ 13

8855-0140

8 $a_1=2$, $\sum_{k=1}^{15}(a_{2k}+a_{2k+1})=30$일 때, $\sum_{k=1}^{31} a_k$의 값은?

① 28 ② 30 ③ 32
④ 34 ⑤ 36

8855-0141

9 $\sum_{k=1}^{n} \log_3\left(1+\frac{1}{k}\right)=4$일 때, 자연수 n의 값을 구하시오.

8855-0142

10 수열 $\{a_n\}$이

$$a_1=\frac{1}{2},\ a_{n+1}=\frac{1}{2-a_n}\ (n=1,\ 2,\ 3,\ \cdots)$$

으로 정의될 때, a_{10}의 값은?

① $\frac{7}{8}$ ② $\frac{8}{9}$ ③ $\frac{9}{10}$
④ $\frac{10}{11}$ ⑤ $\frac{11}{12}$

8855-0143

11 수열 $\{a_n\}$이

$$a_1=4,\ a_3=10,$$
$$a_{n+1}=\frac{a_n+a_{n+2}}{2}\ (n=1,\ 2,\ 3,\ \cdots)$$

으로 정의될 때, $\sum_{k=1}^{10} a_k$의 값은?

① 125 ② 150 ③ 175
④ 200 ⑤ 225

8855-0144

12 농도가 20 %인 소금물 400 g이 들어 있는 수조에서 소금물 100 g을 덜어 내고 물 100 g을 넣고 잘 섞는다. 이와 같은 과정을 n번 반복한 후 소금물의 농도를 a_n %라고 할 때, a_n과 a_{n+1} 사이에는

$$a_{n+1}=pa_n+q\ (n=1,\ 2,\ 3,\ \cdots)$$

의 관계식이 성립한다. 상수 p, q에 대하여 a_1+4p+q의 값은?

① 15 ② 16 ③ 17
④ 18 ⑤ 19

8855-0145

13 다음은 $n\geq2$인 모든 자연수 n에 대하여 등식

$$1+\frac{1}{2^2}+\frac{1}{3^2}+\cdots+\frac{1}{n^2}<2-\frac{1}{n}$$

이 성립함을 수학적 귀납법으로 증명한 것이다.

> (i) $n=2$일 때
>
> $(\text{좌변})=1+\frac{1}{2^2}=1+\frac{1}{4}=\frac{5}{4}$,
>
> $(\text{우변})=2-\frac{1}{2}=\frac{3}{2}$
>
> 이므로 주어진 부등식이 성립한다.
>
> (ii) $n=k$일 때 주어진 등식이 성립한다고 가정하면
>
> $1+\frac{1}{2^2}+\frac{1}{3^2}+\cdots+\frac{1}{k^2}<2-\frac{1}{k}$ …… ㉠
>
> 이므로 ㉠의 양변에 (가) 를 더하면
>
> $1+\frac{1}{2^2}+\frac{1}{3^2}+\cdots+\frac{1}{k^2}+$ (가)
>
> $<2-\frac{1}{k}+$ (가) $=2-\frac{\text{(나)}}{k(k+1)^2}$
>
> $<2-\frac{k^2+k}{k(k+1)^2}=2-$ (다)
>
> 이므로 $n=k+1$일 때에도 주어진 등식이 성립한다.
>
> (i), (ii)에 의하여 주어진 등식은 $n\geq2$인 모든 자연수 n에 대하여 성립한다.

위의 증명 과정에서 (가), (나), (다)에 알맞은 식을 각각 $f(k)$, $g(k)$, $h(k)$라 할 때, $f(2)\times g(2)\times h(2)$의 값은?

① $\frac{1}{9}$ ② $\frac{4}{24}$ ③ $\frac{5}{27}$
④ $\frac{2}{9}$ ⑤ $\frac{7}{27}$

서술형 문항

8855-0146

14 공차가 0이 아닌 등차수열 $\{a_n\}$이 다음 조건을 만족시킬 때, a_{11}의 값을 구하시오.

> (가) $a_2+a_6=0$
>
> (나) $|a_3-6|=|a_7-6|$

8855-0147

15 등차수열 $\{a_n\}$이 $a_2=3$, $a_5=9$를 만족시킬 때, $\sum_{n=1}^{15}\frac{1}{a_na_{n+1}}$의 값을 구하시오.

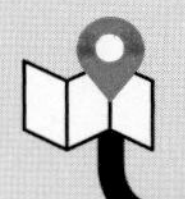

기출문항 변형

수능 맛보기

자연수 n에 대하여 곡선 $y=\frac{1}{x}(x>0)$ 위의 점 $\left(n, \frac{1}{n}\right)$과 두 점 $(n-1, 0)$, $(n+1, 0)$을 세 꼭짓점으로 하는 삼각형의 넓이를 a_n이라 할 때, $\sum_{n=1}^{9} a_n a_{n+2}$의 값은?

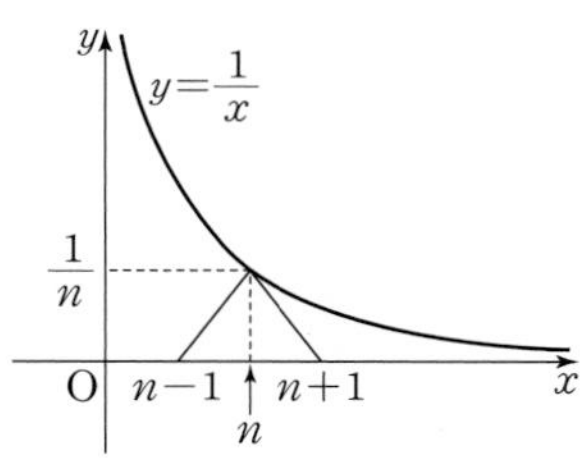

① $\frac{6}{11}$ ② $\frac{3}{5}$ ③ $\frac{36}{55}$ ④ $\frac{39}{55}$ ⑤ $\frac{42}{55}$

풀이

세 점 $(n-1, 0)$, $\left(n, \frac{1}{n}\right)$, $(n+1, 0)$을 꼭짓점으로 하는 삼각형의 넓이는

$$a_n=\frac{1}{2}\times\{(n+1)-(n-1)\}\times\frac{1}{n}=\frac{1}{n}$$

따라서

$\sum_{k=1}^{n}\frac{1}{k(k+2)}=\sum_{k=1}^{n}\frac{1}{2}\left(\frac{1}{k}-\frac{1}{k+2}\right)$

$$\begin{aligned}\sum_{n=1}^{9} a_n a_{n+2} &= \sum_{n=1}^{9}\frac{1}{n(n+2)}=\frac{1}{2}\sum_{n=1}^{9}\left(\frac{1}{n}-\frac{1}{n+2}\right)\\ &=\frac{1}{2}\left\{\left(1-\frac{1}{3}\right)+\left(\frac{1}{2}-\frac{1}{4}\right)+\left(\frac{1}{3}-\frac{1}{5}\right)+\cdots+\left(\frac{1}{8}-\frac{1}{10}\right)+\left(\frac{1}{9}-\frac{1}{11}\right)\right\}\\ &=\frac{1}{2}\left(1+\frac{1}{2}-\frac{1}{10}-\frac{1}{11}\right)\\ &=\frac{1}{2}\times\frac{144}{110}=\frac{36}{55}\end{aligned}$$

답 ③

8855-0148

1 자연수 n에 대하여 곡선 $y=x^2+x$ 위의 점 (n, n^2+n)과 두 점 $(n-1, 0)$, $(n+1, 0)$을 세 꼭짓점으로 하는 삼각형의 넓이를 a_n이라 할 때, $\sum_{n=1}^{10} a_n$의 값은?

① 410 ② 420 ③ 430 ④ 440 ⑤ 450

8855-0149

2 자연수 n에 대하여 점 (n, n)과 직선 $4x-3y-5=0$ 사이의 거리를 a_n이라 할 때, $\sum_{k=1}^{10} 5a_k$의 값은?

① 21 ② 22 ③ 23 ④ 24 ⑤ 25

memo

당신이 원하는 한국사영역, 탐구영역의 교재가 바로 이것이다.

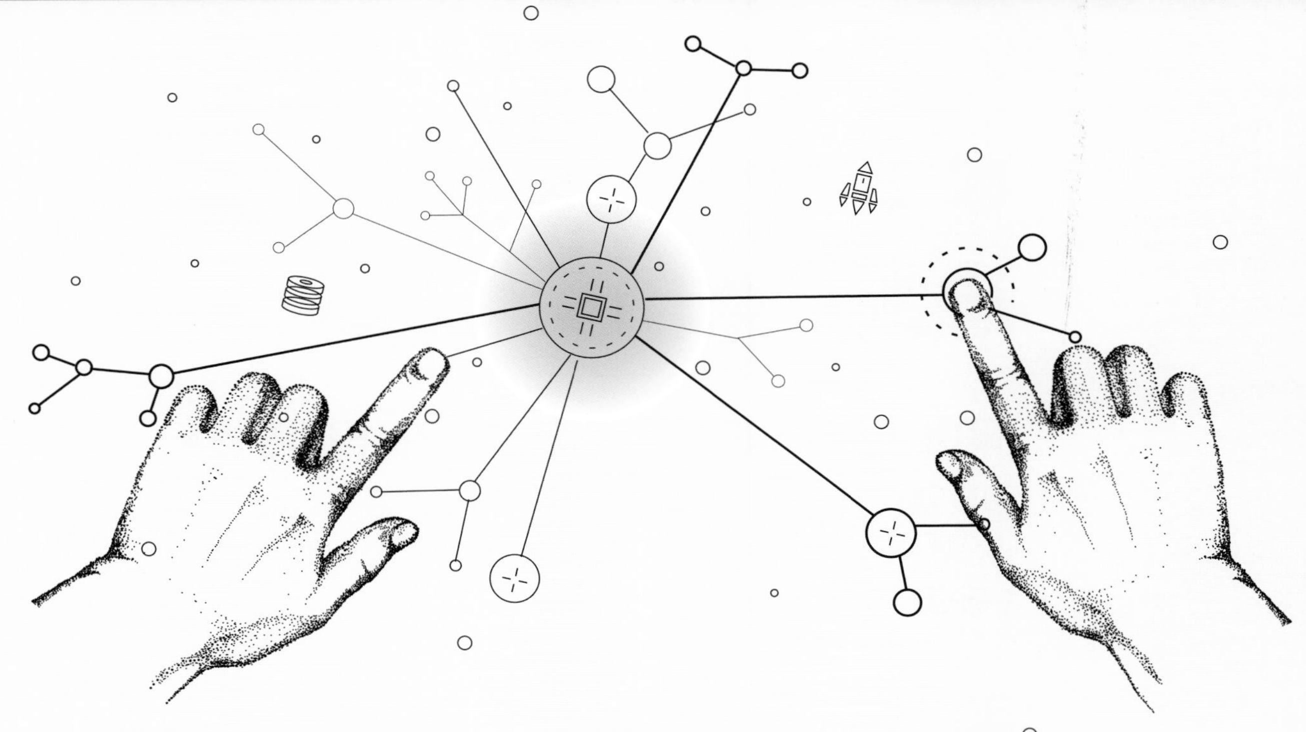

한국사, 사회, 과학의 최강자가 탄생했다!

「개념완성, 개념완성 문항편」

완벽한 이해를 위한 꼼꼼하고 체계적인 내용 정리

내신 대비 최적화된 교과서 핵심 분석

내신/수능 적중률을 높이기 위한 최신 시험 경향 분석

개념완성

한국사영역
필수 한국사 / 자료와 연표로 흐름을 읽는 한국사

사회탐구영역
통합사회 / 생활과 윤리 / 윤리와 사상 /
한국지리 / 세계지리 / 사회·문화 /
정치와 법 / 동아시아사

과학탐구영역
통합과학 / 물리학 I / 화학 I /
생명과학 I / 지구과학 I / 물리학 II /
화학 II / 생명과학 II / 지구과학 II

개념완성 문항편

사회탐구영역
통합사회

과학탐구영역
통합과학 / 물리학 I / 화학 I /
생명과학 I / 지구과학 I

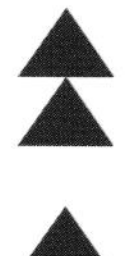
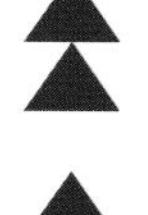

EBS

문제를 **사진** 찍으면
해설 강의 무료
Google Play | App Store

정답과 풀이

단기간에 내신을 끝내는 유형별 문항 연습

단기 특강 수학 Ⅰ

EBS 단기 특강 **수학 I**

정답과 풀이

정답과 풀이

I. 지수함수와 로그함수

01 지수와 로그

본문 4~8쪽

1 3^{12}의 세제곱근 중에서 실수인 것은 $\sqrt[3]{3^{12}}$이므로

$a=\sqrt[3]{3^{12}}=(\sqrt[3]{3})^{12}=\{(\sqrt[3]{3})^3\}^4=3^4=81$

81의 제곱근 중에서 양의 실수인 것은 9이다.

답 9

2 -32의 다섯제곱근 중에서 실수인 것은 -2이므로

$\sqrt[5]{-32}=-2$

따라서

$$\begin{aligned}&\sqrt[5]{-32}+\sqrt[3]{5}\times\sqrt[3]{25}-\sqrt{\sqrt[5]{2^{10}}}\\&=-2+\sqrt[3]{5\times25}-\sqrt[2\times5]{2^{10}}\\&=-2+\sqrt[3]{5^3}-\sqrt[10]{2^{10}}\\&=-2+(\sqrt[3]{5})^3-(\sqrt[10]{2})^{10}\\&=-2+5-2\\&=1\end{aligned}$$

답 ①

3

$$\begin{aligned}\left(\frac{1}{5^5}\right)^{\frac{1}{3}}\times(\sqrt[3]{25})^{-\frac{1}{2}}&=(5^{-5})^{\frac{1}{3}}\times(\sqrt[3]{5^2})^{-\frac{1}{2}}\\&=(5^{-5})^{\frac{1}{3}}\times(5^{\frac{2}{3}})^{-\frac{1}{2}}\\&=5^{-5\times\frac{1}{3}}\times5^{\frac{2}{3}\times\left(-\frac{1}{2}\right)}\\&=5^{-\frac{5}{3}}\times5^{-\frac{1}{3}}\\&=5^{-\frac{5}{3}+\left(-\frac{1}{3}\right)}\\&=5^{-2}=\frac{1}{25}\end{aligned}$$

답 ①

4

$$\begin{aligned}(\sqrt[4]{27\sqrt[3]{81}})^n&=(\sqrt[4]{3^3\sqrt[3]{3^4}})^n=\left(\sqrt[4]{3^3\times3^{\frac{4}{3}}}\right)^n=\left(\sqrt[4]{3^{3+\frac{4}{3}}}\right)^n\\&=\left(\sqrt[4]{3^{\frac{13}{3}}}\right)^n=\left(3^{\frac{\frac{13}{3}}{4}}\right)^n=\left(3^{\frac{13}{12}}\right)^n=3^{\frac{13n}{12}}\end{aligned}$$

n이 자연수이므로 $\frac{13n}{12}$은 유리수이다. 따라서 $\frac{13n}{12}$이 0 또는 자연수일 때, $(\sqrt[4]{27\sqrt[3]{81}})^n$이 자연수가 된다. n은 자연수이고 n이 12의 배수일 때, $\frac{13n}{12}$이 자연수가 되므로 n의 최솟값은 12이다.

답 ④

[다른 풀이]

$$\begin{aligned}(\sqrt[4]{27\sqrt[3]{81}})^n&=(\sqrt[4]{3^3\sqrt[3]{3^4}})^n\\&=\left(\sqrt[4]{3^3\times3^{\frac{4}{3}}}\right)^n\\&=\left(\sqrt[4]{3^3}\times\sqrt[4]{3^{\frac{4}{3}}}\right)^n\\&=\left(3^{\frac{3}{4}}\times3^{\frac{\frac{4}{3}}{4}}\right)^n\\&=\left(3^{\frac{3}{4}}\times3^{\frac{1}{3}}\right)^n\\&=\left(3^{\frac{13}{12}}\right)^n\\&=3^{\frac{13n}{12}}\end{aligned}$$

n이 자연수이므로 $\frac{13n}{12}$은 유리수이다. 따라서 $\frac{13n}{12}$이 0 또는 자연수일 때, $(\sqrt[4]{27\sqrt[3]{81}})^n$이 자연수가 된다. n은 자연수이고 n이 12의 배수일 때, $\frac{13n}{12}$이 자연수가 되므로 n의 최솟값은 12이다.

5 진수의 조건에 의하여

$-n^2+8n-12>0$

$n^2-8n+12<0$

$(n-2)(n-6)<0$에서

$2<n<6$이므로

$\log_5(-n^2+8n-12)$의 값이 존재하도록 하는 자연수 n은 3, 4, 5로 그 개수는 3이다.

답 ③

6

$$\begin{aligned}&2\log_3 2-\log_3\frac{8}{81}+\log_3 6\\&=\log_3 2^2-\log_3\frac{8}{81}+\log_3 6\\&=\log_3 4-\log_3\frac{8}{81}+\log_3 6\\&=\log_3\frac{4}{\frac{8}{81}}+\log_3 6\\&=\log_3\frac{81}{2}+\log_3 6\\&=\log_3\left(\frac{81}{2}\times6\right)\\&=\log_3(81\times3)\\&=\log_3(3^4\times3)\\&=\log_3 3^5\\&=5\log_3 3\\&=5\end{aligned}$$

답 5

[다른 풀이]

$2\log_3 2-\log_3\frac{8}{81}+\log_3 6$

$=\log_3 2^2-\log_3 \frac{8}{81}+\log_3 6$

$=\log_3 4+\log_3 \left(\frac{8}{81}\right)^{-1}+\log_3 6$

$=\log_3 4+\log_3 \frac{81}{8}+\log_3 6$

$=\log_3 \left(4\times\frac{81}{8}\times 6\right)$

$=\log_3 (81\times 3)$

$=\log_3 (3^4\times 3)$

$=\log_3 3^5$

$=5\log_3 3$

$=5$

7 $\log_2 25\times\log_5 3\times\log_9 32$

$=\log_2 5^2\times\log_5 3\times\log_{3^2} 2^5$

$=2\log_2 5\times\log_5 3\times\frac{5}{2}\log_3 2$

$=2\times\frac{5}{2}\times(\log_2 5\times\log_5 3)\times\log_3 2$

$=5\log_2 3\times\log_3 2$

$=5$

답 ⑤

8 $\log_x 2+\frac{1}{\log_3 x}=\log_x 2+\log_x 3$

$=\log_x(2\times 3)$

$=\log_x 6$

$=\frac{1}{\log_6 x}$

$=4$

이므로 $\log_6 x=\frac{1}{4}$

따라서 $\log_{36} x=\log_{6^2} x$

$=\frac{1}{2}\log_6 x$

$=\frac{1}{2}\times\frac{1}{4}$

$=\frac{1}{8}$

답 ①

9 $\log (31.4)^2-\log 0.0314$

$=2\log 31.4-\log 0.0314$

$=2\log (3.14\times 10)-\log (3.14\times 10^{-2})$

$=2(\log 3.14+\log 10)-(\log 3.14+\log 10^{-2})$

$=2(\log 3.14+1)-(\log 3.14-2)$

$=2\log 3.14+2-\log 3.14+2$

$=4+\log 3.14$

$=4+0.4969$

$=4.4969$

답 ④

10 $\log x=1-\log 5$이고, $\log y=-1+\log 2$이므로

$\log x-\log y=1-\log 5-(-1+\log 2)$

$\log \frac{x}{y}=2-\log 5-\log 2$

$=2-(\log 5+\log 2)$

$=2-\log (5\times 2)$

$=2-\log 10$

$=2-1$

$=1$

$\frac{x}{y}=10$

따라서 $x=10y$이므로 $k=10$이다.

답 ④

[다른 풀이]

$\log x+\log 5=1$에서

$\log 5x=1$, $5x=10$

$x=2$

$\log y-\log 2=-1$에서

$\log \frac{y}{2}=-1$, $\frac{y}{2}=10^{-1}$

$y=2\times 10^{-1}$

$=2\times\frac{1}{10}$

$=\frac{1}{5}$

따라서 $x=ky$에서 $2=\frac{1}{5}k$이므로 $k=10$이다.

기본 핵심 문제

본문 9쪽

1 ① 2 ① 3 ① 4 ② 5 ⑤

1

$\sqrt[4]{48}=\sqrt[4]{2^4\times 3}$

$=\sqrt[4]{2^4}\times\sqrt[4]{3}$

$=(\sqrt[4]{2})^4\times\sqrt[4]{3}$

$=2\times\sqrt[4]{3}$

이므로 $a=2$

답 ①

2

$a=(2^{\sqrt{3}-1})^{\sqrt{3}+1}$
$=2^{(\sqrt{3}-1)(\sqrt{3}+1)}$
$=2^2$
$=4$
$b=(2^{\sqrt{2}}\times 3^{2\sqrt{2}})^{\sqrt{2}}$
$=2^{\sqrt{2}\times\sqrt{2}}\times 3^{2\sqrt{2}\times\sqrt{2}}$
$=2^2\times 3^4$
$=4\times 3^4$

따라서 $\frac{a}{b}=\frac{4}{4\times 3^4}=\frac{1}{81}$

답 ①

3

$\frac{1}{2}\log_2 3-\log_2 8\sqrt{3}=\log_2 3^{\frac{1}{2}}-\log_2 8\sqrt{3}$
$=\log_2 \sqrt{3}-\log_2 8\sqrt{3}$
$=\log_2 \frac{\sqrt{3}}{8\sqrt{3}}$
$=\log_2 \frac{1}{8}$
$=\log_2 \frac{1}{2^3}$
$=\log_2 2^{-3}$
$=-3\log_2 2$
$=-3$

답 ①

[다른 풀이]

$\frac{1}{2}\log_2 3-\log_2 8\sqrt{3}=\frac{1}{2}\log_2 3-(\log_2 8+\log_2\sqrt{3})$
$=\frac{1}{2}\log_2 3-\log_2 8-\log_2\sqrt{3}$
$=\frac{1}{2}\log_2 3-\log_2 2^3-\log_2 3^{\frac{1}{2}}$
$=\frac{1}{2}\log_2 3-3\log_2 2-\frac{1}{2}\log_2 3$
$=-3\log_2 2$
$=-3$

4

$\log_{\sqrt{12}} 50$을 10을 밑으로 하는 로그로 바꾸어 나타내면

$\log_{\sqrt{12}} 50=\frac{\log_{10} 50}{\log_{10}\sqrt{12}}$

$\log_{10} 50$을 a, b로 나타내면

$\log_{10} 50=\log_{10}\frac{100}{2}$
$=\log_{10} 100-\log_{10} 2$
$=\log_{10} 10^2-\log_{10} 2$
$=2\log_{10} 10-\log_{10} 2$
$=2-a$

$\log_{10}\sqrt{12}$를 a, b로 나타내면

$\log_{10}\sqrt{12}=\log_{10} 12^{\frac{1}{2}}$
$=\frac{1}{2}\log_{10} 12$
$=\frac{1}{2}\log_{10}(2^2\times 3)$
$=\frac{1}{2}(\log_{10} 2^2+\log_{10} 3)$
$=\frac{1}{2}(2\log_{10} 2+\log_{10} 3)$
$=\frac{1}{2}(2a+b)$

따라서 $\log_{\sqrt{12}} 50=\frac{\log_{10} 50}{\log_{10}\sqrt{12}}$
$=\frac{2-a}{\frac{1}{2}(2a+b)}$
$=\frac{2(2-a)}{2a+b}$
$=\frac{4-2a}{2a+b}$
$=\frac{-2a+4}{2a+b}$

답 ②

5

지진의 규모가 6인 지진에 의하여 발생된 에너지를 E_1이라 하면

$\log E_1=11.8+1.5\times 6$
$\log E_1=20.8$ …… ㉠

지진의 규모가 2인 지진에 의하여 발생된 에너지를 E_2라 하면

$\log E_2=11.8+1.5\times 2$
$\log E_2=14.8$ …… ㉡

㉠－㉡을 하면 $\log E_1-\log E_2=20.8-14.8$

$\log\frac{E_1}{E_2}=6$

따라서 $\frac{E_1}{E_2}=10^6$, 즉 $E_1=10^6\times E_2$이므로

지진의 규모가 6인 지진에 의하여 발생된 에너지는 지진의 규모가 2인 지진에 의하여 발생된 에너지의 10^6배이다.

답 ⑤

02 지수함수와 로그함수

본문 10~14쪽

1 $y=x^2$, $y=\frac{x}{5}$는 다항함수, $y=\frac{1}{x}$은 유리함수, $y=\sqrt{2x}$는 무리함수이고 $y=\frac{1}{3^x}=\left(\frac{1}{3}\right)^x$이므로 지수함수이다.

답 ④

2 지수함수 $y=a^x$ $(a>0,\ a\neq1)$의 그래프가 점 (2, 3)을 지나므로
$3=a^2$
$a>0$이므로 $a=\sqrt{3}$
즉, $y=(\sqrt{3})^x$
따라서 $k=(\sqrt{3})^4=9$

답 9

[다른 풀이]
지수함수 $y=a^x$ $(a>0,\ a\neq1)$의 그래프가 두 점 (2, 3), $(4,\ k)$를 지나므로
$3=a^2$, $k=a^4$
따라서 $k=(a^2)^2=3^2=9$

3 $\frac{1}{\sqrt[3]{2}}=\frac{1}{2^{\frac{1}{3}}}=\left(\frac{1}{2}\right)^{\frac{1}{3}}$, $\sqrt[4]{\frac{1}{8}}=\sqrt[4]{\left(\frac{1}{2}\right)^3}=\left(\frac{1}{2}\right)^{\frac{3}{4}}$,

$2^{-\frac{1}{2}}=(2^{-1})^{\frac{1}{2}}=\left(\frac{1}{2}\right)^{\frac{1}{2}}$

지수함수 $y=\left(\frac{1}{2}\right)^x$은 x의 값이 증가하면 y의 값은 감소한다.

이때 $\frac{1}{3}<\frac{1}{2}<\frac{3}{4}$이므로

$\left(\frac{1}{2}\right)^{\frac{1}{3}}>\left(\frac{1}{2}\right)^{\frac{1}{2}}>\left(\frac{1}{2}\right)^{\frac{3}{4}}$

따라서 $\sqrt[4]{\frac{1}{8}}<2^{-\frac{1}{2}}<\frac{1}{\sqrt[3]{2}}$

답 $\sqrt[4]{\frac{1}{8}}$, $2^{-\frac{1}{2}}$, $\frac{1}{\sqrt[3]{2}}$

[다른 풀이]
$\frac{1}{\sqrt[3]{2}}=\frac{1}{2^{\frac{1}{3}}}=2^{-\frac{1}{3}}$, $\sqrt[4]{\frac{1}{8}}=\sqrt[4]{\frac{1}{2^3}}=\frac{1}{\sqrt[4]{2^3}}=\frac{1}{2^{\frac{3}{4}}}=2^{-\frac{3}{4}}$, $2^{-\frac{1}{2}}$
지수함수 $y=2^x$은 x의 값이 증가하면 y의 값도 증가한다.
이때 $-\frac{3}{4}<-\frac{1}{2}<-\frac{1}{3}$이므로
$2^{-\frac{3}{4}}<2^{-\frac{1}{2}}<2^{-\frac{1}{3}}$
따라서 $\sqrt[4]{\frac{1}{8}}<2^{-\frac{1}{2}}<\frac{1}{\sqrt[3]{2}}$

4 함수 $y=3^{x+1}-2$의 그래프는 함수 $y=3^x$의 그래프를 x축의 방향으로 -1만큼, y축의 방향으로 -2만큼 평행이동한 것이므로 주어진 함수의 그래프는 오른쪽 그림과 같다. 이 그래프로부터
$x=-1$일 때
최솟값 $3^0-2=1-2=-1$
$x=2$일 때
최댓값 $3^3-2=27-2=25$를 갖는다.

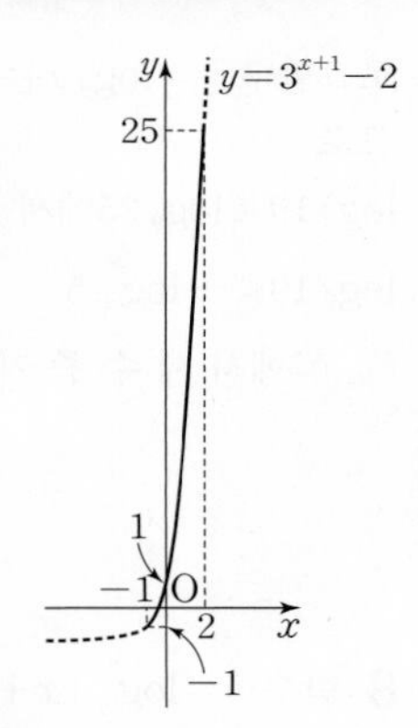

답 최댓값 : 25, 최솟값 : -1

5 $y=x\log_2 5$, $y=\frac{x^2}{\log_7 3}$은 다항함수, $y=\frac{\log 2}{x}$는 유리함수, $y=\log_2 10^x=x\log_2 10$은 다항함수이고,
$y=2\log_{\frac{1}{3}} x$는 로그함수이다.

답 ④

6 로그함수 $y=\log_a x$ $(a>0,\ a\neq1)$의 그래프가 점 (9, 2)를 지나므로 $2=\log_a 9$, $a^2=9$
$a>0$이므로 $a=3$
즉, $y=\log_3 x$
따라서 $\log_3 k=4$에서
$k=3^4=81$

답 81

[다른 풀이]
로그함수 $y=\log_a x$ $(a>0,\ a\neq1)$의 그래프가 두 점 (9, 2), $(k,\ 4)$를 지나므로
$2=\log_a 9$, $4=\log_a k$
$2=\log_a 9$의 양변에 2를 곱하면
$4=2\log_a 9=\log_a 9^2=\log_a 81$이므로
$\log_a k=\log_a 81$
따라서 $k=81$

7 $2\log_3 2=\log_3 2^2=\log_3 4$
$-\log_{\frac{1}{3}} 5=-\log_{3^{-1}} 5=\log_3 5$
로그함수 $y=\log_3 x$는 x의 값이 증가하면 y의 값도 증가하므로
$\log_3 4<\log_3 5$에서
$2\log_3 2<-\log_{\frac{1}{3}} 5$ …… ㉠
$-\log_{\frac{1}{3}} 5=\log_3 5$
$=\log_{3^2} 5^2$
$=\log_9 25$

로그함수 $y=\log_9 x$는 x의 값이 증가하면 y의 값도 증가하므로

$\log_9 19<\log_9 25$에서

$\log_9 19<-\log_{\frac{1}{3}} 5$ ...... ㉡

㉠, ㉡에서 세 수 중 가장 큰 수는 $-\log_{\frac{1}{3}} 5$이다.

답 $-\log_{\frac{1}{3}} 5$

8 함수 $y=\log_{\frac{1}{2}}(x+1)-3$의 그래프는 함수 $y=\log_{\frac{1}{2}} x$의 그래프를 x축의 방향으로 -1만큼, y축의 방향으로 -3만큼 평행이동한 것이므로 주어진 함수의 그래프는 다음 그림과 같다.

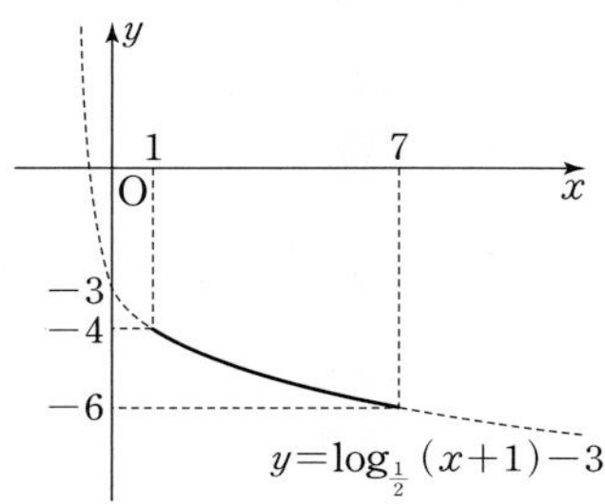

위 그래프로부터

$x=1$일 때

최댓값 $\log_{\frac{1}{2}} 2-3=-1-3=-4$

$x=7$일 때

최솟값 $\log_{\frac{1}{2}} 8-3=\log_{2^{-1}} 2^3-3$

$=-3\log_2 2-3$

$=-3-3$

$=-6$

을 갖는다.

답 최댓값 : -4, 최솟값 : -6

9 주어진 부등식의 양변을 지수의 밑이 같아지도록 변형하면

$\left(\frac{1}{3}\right)^{1-2x}\le 3^{x+5}$, $(3^{-1})^{1-2x}\le 3^{x+5}$

$3^{-1+2x}\le 3^{x+5}$

밑 3은 1보다 크므로

$-1+2x\le x+5$

즉, $x\le 6$

따라서 주어진 부등식을 만족시키는 자연수 x는 1, 2, 3, 4, 5, 6으로 그 개수는 6이다.

답 6

10 로그의 진수는 양수이므로 $x-4>0$, $x-6>0$에서

$x>6$ ...... ㉠

주어진 부등식 $\log_{\frac{1}{3}}(x-4)+\log_{\frac{1}{3}}(x-6)>-1$에서

$\log_{\frac{1}{3}}(x-4)(x-6)>\log_{\frac{1}{3}}\left(\frac{1}{3}\right)^{-1}$

$\log_{\frac{1}{3}}(x^2-10x+24)>\log_{\frac{1}{3}} 3$이고,

밑 $\frac{1}{3}$은 1보다 작으므로

$x^2-10x+24<3$

$x^2-10x+21<0$

$(x-3)(x-7)<0$

$3<x<7$ ...... ㉡

㉠, ㉡에서 $6<x<7$이므로

$\alpha+\beta=6+7=13$

답 13

기본 핵심 문제

본문 15쪽

1 ④	2 ⑤	3 ①	4 ③	5 ④

1

두 지수함수 $y=2^x$, $y=4^x$에 $x=0$을 대입하면 $y=1$이므로 두 지수함수 $y=2^x$, $y=4^x$의 그래프가 y축과 만나는 점 A의 좌표는 A$(0, 1)$이다.

지수함수 $y=2^x$에 $x=2$를 대입하면 $y=4$이므로 점 B의 좌표는 B$(2, 4)$이고, 지수함수 $y=4^x$에 $x=2$를 대입하면 $y=16$이므로 점 C의 좌표는 C$(2, 16)$이다.

따라서 $\overline{\text{BC}}=16-4=12$이고, 삼각형 ABC의 밑변을 $\overline{\text{BC}}$라 할 때 높이는 2이므로 삼각형 ABC의 넓이는

$\frac{1}{2}\times 12\times 2=12$

답 ④

2

$0<a<1$일 때, 함수 $f(x)=a^{x-1}+3$은 x의 값이 증가하면 y의 값은 감소하므로 $x=2$에서 최솟값 $\frac{10}{3}$을 갖는다.

$a+3=\frac{10}{3}$에서 $a=\frac{1}{3}$

따라서 함수 $f(x)=\left(\frac{1}{3}\right)^{x-1}+3$은 $x=-2$에서

최댓값 $M=\left(\frac{1}{3}\right)^{-3}+3=3^3+3=27+3=30$을 가지므로

$a\times M=\frac{1}{3}\times 30=10$

답 ⑤

3

함수 $f(x)=\begin{cases} \log_{\frac{1}{9}} x & (0<x<1) \\ \log_3 x & (x\ge 1) \end{cases}$의 그래프와 직선 $y=2$의 그래프는 다음 그림과 같다.

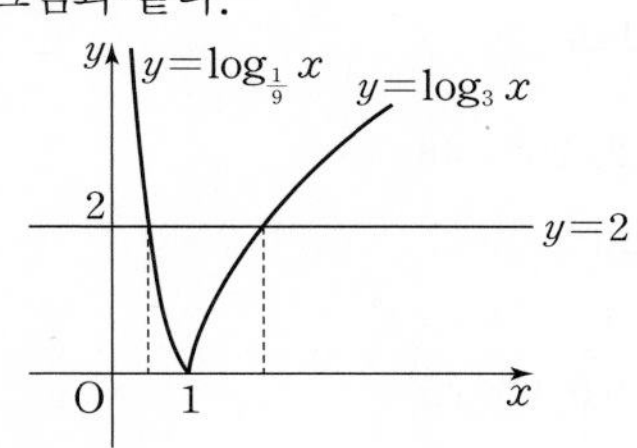

(i) $0<x<1$일 때

$f(x)=\log_{\frac{1}{9}} x=2$에서

$x=\left(\frac{1}{9}\right)^2=\frac{1}{81}$

(ii) $x\ge 1$일 때

$f(x)=\log_3 x=2$에서

$x=3^2=9$

따라서 모든 해의 곱은

$\frac{1}{81}\times 9=\frac{1}{9}$

답 ①

4

정의역이 $\{x|x>-1\}$이므로 로그함수 $y=\log_5(x+a)+b$는 직선 $x=-1$을 점근선으로 갖는다. 또한 로그함수 $y=\log_5(x+a)+b$의 그래프는 로그함수 $y=\log_5 x$의 그래프를 x축의 방향으로 $-a$만큼, y축의 방향으로 b만큼 평행이동한 것이므로 $-a=-1$, 즉 $a=1$이다.

로그함수 $y=\log_5(x+1)+b$의 그래프가 점 $(4, 3)$을 지나므로

$3=\log_5 5+b$

$3=1+b$

$b=2$

따라서 $a+b=1+2=3$

답 ③

5

로그의 진수는 양수이므로 $\frac{x}{3}>0$, $x>0$에서

$x>0$ …… ㉠

방정식 $\left(\log_3 \frac{x}{3}\right)^2-2\log_9 x+1=0$에서

$(\log_3 x-\log_3 3)^2-2\log_{3^2} x+1=0$

$(\log_3 x-1)^2-2\times\frac{1}{2}\log_3 x+1=0$

$(\log_3 x-1)^2-\log_3 x+1=0$이므로

$\log_3 x=t$라 하면

$(t-1)^2-t+1=0$

$t^2-3t+2=0$

$(t-1)(t-2)=0$

$t=1$ 또는 $t=2$

$t=1$일 때

$\log_3 x=1$에서 $x=3$ …… ㉡

$t=2$일 때

$\log_3 x=2$에서 $x=3^2=9$ …… ㉢

㉠, ㉡, ㉢에 의하여 주어진 방정식의 해는

$x=3$ 또는 $x=9$이므로

$\alpha+\beta=3+9=12$

답 ④

[다른 풀이]

로그의 진수는 양수이므로 $\frac{x}{3}>0$, $x>0$에서

$x>0$ …… ㉠

방정식 $\left(\log_3 \frac{x}{3}\right)^2-2\log_9 x+1=0$에서

$(\log_3 x-\log_3 3)^2-2\log_9 x+1=0$

$(\log_{3^2} x^2-1)^2-2\log_9 x+1=0$

$(\log_9 x^2-1)^2-2\log_9 x+1=0$

$(2\log_9 x-1)^2-2\log_9 x+1=0$이므로

$\log_9 x=t$라 하면

$(2t-1)^2-2t+1=0$

$4t^2-4t+1-2t+1=0$

$4t^2-6t+2=0$

$2t^2-3t+1=0$

$(2t-1)(t-1)=0$

$t=\frac{1}{2}$ 또는 $t=1$

$t=\frac{1}{2}$일 때

$\log_9 x=\frac{1}{2}$에서 $x=9^{\frac{1}{2}}=3$ …… ㉡

$t=1$일 때

$\log_9 x=1$에서 $x=9$ …… ㉢

㉠, ㉡, ㉢에 의하여 주어진 방정식의 해는

$x=3$ 또는 $x=9$이므로

$\alpha+\beta=3+9=12$

단원 종합 문제

본문 16~18쪽

1 ①	2 ①	3 ②	4 ③
5 ④	6 ⑤	7 ②	8 ②
9 −5	10 ④	11 31	12 ①
13 15	14 12	15 5	

1

방정식 $x^3=-8$의 실근이 a이므로

$x^3+8=0$, $x^3+2^3=0$

$(x+2)(x^2-2x+4)=0$에서

$x=-2$ 또는 $x=1-\sqrt{3}i$ 또는 $x=1+\sqrt{3}i$

즉, $a=-2$

또한 방정식 $x^4=81$의 실근 중에서 음수인 것이 b이므로

$x^4-81=0$

$x^4-3^4=0$

$(x^2-3^2)(x^2+3^2)=0$

$(x+3)(x-3)(x^2+3^2)=0$에서

$x=-3$ 또는 $x=3$ 또는 $x=-3i$ 또는 $x=3i$

즉, $b=-3$

따라서 $a+b=-5$

답 ①

2

$$3^{\frac{4}{5}}\times 3^{\frac{1}{5}}\times 6^{-2}=3^{\frac{4}{5}+\frac{1}{5}}\times\frac{1}{6^2}=3\times\frac{1}{36}=\frac{1}{12}$$

답 ①

[다른 풀이]

$$3^{\frac{4}{5}}\times 3^{\frac{1}{5}}\times 6^{-2}=3^{\frac{4}{5}+\frac{1}{5}}\times(3\times 2)^{-2}=3\times 3^{-2}\times 2^{-2}=3^{1-2}\times 2^{-2}=3^{-1}\times 2^{-2}=\frac{1}{3}\times\frac{1}{2^2}=\frac{1}{12}$$

3

$$25^{a+b}=25^a\times 25^b=(5^2)^a\times 25^b=5^{2a}\times 25^b=(5^a)^2\times 25^b=12$$

에서 $5^a=\frac{1}{2}$이므로

$\left(\frac{1}{2}\right)^2\times 25^b=12$, $25^b=48$

따라서 $5^{3a+2b}=5^{3a}\times 5^{2b}=(5^a)^3\times(5^2)^b=(5^a)^3\times 25^b$

$5^a=\frac{1}{2}$, $25^b=48$이므로

$$5^{3a+2b}=\left(\frac{1}{2}\right)^3\times 48=6$$

답 ②

4

$x=\sqrt[3]{2}-\frac{1}{\sqrt[3]{2}}=2^{\frac{1}{3}}-2^{-\frac{1}{3}}$에서

$$x^3=\left(2^{\frac{1}{3}}-2^{-\frac{1}{3}}\right)^3$$
$$=\left(2^{\frac{1}{3}}\right)^3-3\times\left(2^{\frac{1}{3}}\right)^2\times\left(2^{-\frac{1}{3}}\right)+3\times\left(2^{\frac{1}{3}}\right)\times\left(2^{-\frac{1}{3}}\right)^2-\left(2^{-\frac{1}{3}}\right)^3$$
$$=2^{\frac{3}{3}}-3\times 2^{\frac{1}{3}}\times 2^{-\frac{1}{3}}\times\left(2^{\frac{1}{3}}-2^{-\frac{1}{3}}\right)-2^{-\frac{3}{3}}$$
$$=2-3\times 2^{\frac{1}{3}+\left(-\frac{1}{3}\right)}\times x-2^{-1}$$
$$=2-3x-\frac{1}{2}$$

따라서 $x^3+3x=2-\frac{1}{2}=\frac{3}{2}$

답 ③

5

$$\log_2\left(\frac{1}{4}\times\sqrt[3]{32}\right)=\log_2\left(\frac{1}{2^2}\times\sqrt[3]{2^5}\right)=\log_2\left(2^{-2}\times 2^{\frac{5}{3}}\right)=\log_2 2^{-2+\frac{5}{3}}=\log_2 2^{-\frac{1}{3}}=-\frac{1}{3}\log_2 2=-\frac{1}{3}$$

$$\log_5 2\times\frac{1}{\log_{25}8}=\log_5 2\times\log_8 25=\log_5 2\times\log_{2^3}5^2=\log_5 2\times\frac{2}{3}\log_2 5=\frac{2}{3}$$

이므로

$$\log_2\left(\frac{1}{4}\times\sqrt[3]{32}\right)+\log_5 2\times\frac{1}{\log_{25}8}=-\frac{1}{3}+\frac{2}{3}=\frac{1}{3}$$

답 ④

[다른 풀이]

$$\begin{aligned}\log_2\left(\frac{1}{4}\times\sqrt[3]{32}\right)&=\log_2\frac{1}{4}+\log_2\sqrt[3]{32}\\&=\log_2\frac{1}{2^2}+\log_2\sqrt[3]{2^5}\\&=\log_2 2^{-2}+\log_2 2^{\frac{5}{3}}\\&=-2\log_2 2+\frac{5}{3}\log_2 2\\&=-2+\frac{5}{3}\\&=-\frac{1}{3}\end{aligned}$$

$$\begin{aligned}\log_5 2\times\frac{1}{\log_{25}8}&=\log_5 2\times\log_8 25=\log_5 2\times\log_{2^3}5^2\\&=\log_5 2\times\frac{2}{3}\log_2 5\\&=\frac{2}{3}\end{aligned}$$

이므로

$$\log_2\left(\frac{1}{4}\times\sqrt[3]{32}\right)+\log_5 2\times\frac{1}{\log_{25}8}=-\frac{1}{3}+\frac{2}{3}=\frac{1}{3}$$

6

$\frac{1}{a}-\frac{1}{b}=\frac{b-a}{ab}$에서

$ab=\log_2\sqrt{3}$, $b-a=\log_4 27$

이므로

$$\begin{aligned}\frac{1}{a}-\frac{1}{b}=\frac{b-a}{ab}&=\frac{\log_4 27}{\log_2\sqrt{3}}\\&=\frac{\log_{2^2}3^3}{\log_2 3^{\frac{1}{2}}}\\&=\frac{\frac{3}{2}\log_2 3}{\frac{1}{2}\log_2 3}\\&=3\end{aligned}$$

답 ⑤

7

물건 끄는 소리의 크기를 D_1 dB, 속삭이는 대화의 소리의 크기를 D_2 dB이라 하면 물건 끄는 소리의 세기가 10^{-6} W/m^{2}이므로

$D_1=10\log\frac{10^{-6}}{10^{-12}}=10\log 10^6=10\times 6\log 10=60$이고,

속삭이는 대화의 소리의 세기가 10^{-10} W/m^{2}이므로

$D_2=10\log\frac{10^{-10}}{10^{-12}}=10\log 10^2=10\times 2\log 10=20$

따라서 물건 끄는 소리의 크기는 60 dB이고 속삭이는 대화의 소리의 크기는 20 dB이므로 물건 끄는 소리의 크기는 속삭이는 대화의 소리의 크기의 3배이다.

답 ②

8

지수함수 $y=a^x(a>0,\ a\neq1)$의 그래프를 y축에 대하여 대칭이동시킨 그래프의 식은 $y=a^{-x}$이다.

지수함수 $y=a^{-x}$의 그래프를 x축의 방향으로 2만큼, y축의 방향으로 -3만큼 평행이동시킨 그래프의 식은

$y-(-3)=a^{-(x-2)}$, $y=a^{-x+2}-3$

이고, 이 그래프가 점 $(-2,\ 13)$을 지나므로

$13=a^4-3$, $a^4=16$

$a>0$이므로 $a=2$

답 ②

[다른 풀이]

점 $(-2,\ 13)$을 x축의 방향으로 -2만큼, y축의 방향으로 3만큼 평행이동시키면 점 $(-4,\ 16)$이 되고, 이 점을 y축에 대하여 대칭이동시키면 점 $(4,\ 16)$이 된다.

지수함수 $y=a^x(a>0,\ a\neq1)$의 그래프가 점 $(4,\ 16)$을 지나므로

$a^4=16$

$a>0$이므로 $a=2$

9

지수함수 $y=\left(\frac{1}{5}\right)^x$의 그래프를 x축의 방향으로 1만큼, y축의 방향으로 k만큼 평행이동시킨 그래프의 식은

$y=\left(\frac{1}{5}\right)^{x-1}+k$

이고, 그래프는 다음 그림과 같다.

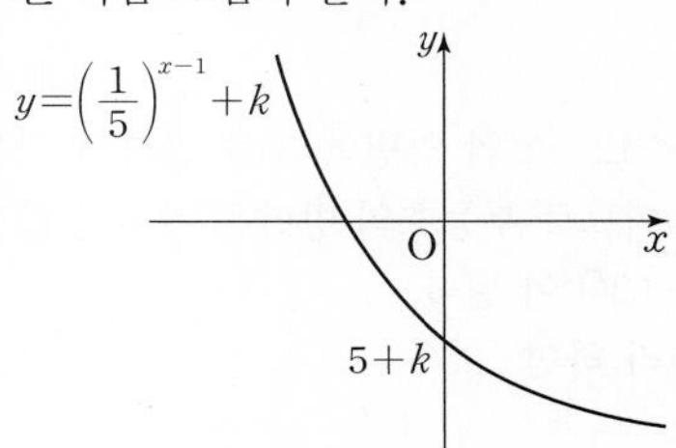

그래프가 제1사분면을 지나지 않으려면

$5+k\leq0$, $k\leq-5$

따라서 상수 k의 최댓값은 -5이다.

답 -5

10

$f^{-1}\left(\frac{\alpha+\beta}{2}\right)=k$ (단, k는 상수)라 하면

$f(k)=\frac{\alpha+\beta}{2}$ ...... ㉠

$f(6)=\log_a 4=\alpha$이고, $f(11)=\log_a 9=\beta$이므로

$\alpha+\beta=\log_a 4+\log_a 9=\log_a 36$

즉, $\frac{\alpha+\beta}{2}=\frac{1}{2}\log_a 36$

$=\frac{1}{2}\log_a 6^2$

$=\log_a 6$

㉠에서 $f(k)=\frac{\alpha+\beta}{2}$

$\log_a (k-2)=\log_a 6$이므로

$k-2=6$, $k=8$

따라서 $f^{-1}\left(\frac{\alpha+\beta}{2}\right)=8$

답 ④

11

다음 그림과 같이 로그함수 $y=\log_3 x$의 그래프는 항상 점 $(1, 0)$을 지나므로 $x_1=1$, 지수함수 $y=3^x$의 그래프는 항상 점 $(0, 1)$을 지나므로

$1=\log_3 x_2$, 즉 $x_2=3$

지수함수 $y=3^x$의 그래프는 점 $(1, 3)$을 지나므로

$3=\log_3 x_3$, 즉 $x_3=3^3=27$

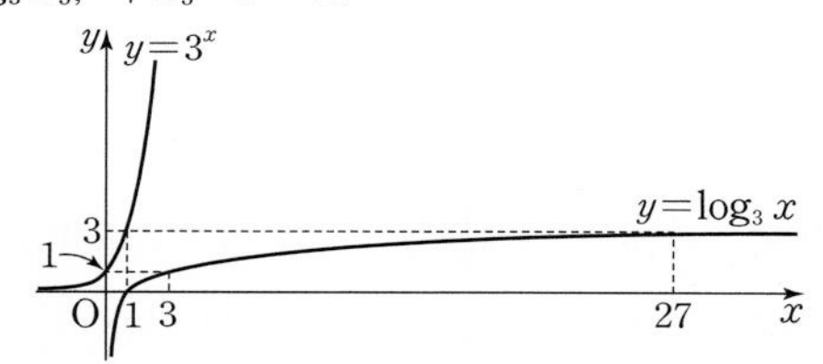

따라서 $x_1+x_2+x_3=1+3+27=31$

답 31

12

부등식 $3^{3-x}<12-3^x$의 양변에 3^x을 곱하면 모든 실수 x에 대하여 $3^x>0$이므로 부등호의 방향은 바뀌지 않고,

$3^3<12\times 3^x-(3^x)^2$이 된다.

$3^x=t$ $(t>0)$라 하면

$3^3<12t-t^2$

$t^2-12t+27<0$

$(t-3)(t-9)<0$

따라서 $3<t<9$이다.

$t=3^x$이므로

$3<3^x<9$

$3<3^x<3^2$

이고, 밑이 3으로 1보다 크므로 $1<x<2$이다.

따라서 $\alpha+\beta=1+2=3$

답 ①

13

처음 복지 예산을 A라 하고, 매년 복지 예산이 전년도 복지 예산의 a %씩 늘어났다고 하면 5년 후 복지 예산은

$A\left(1+\frac{a}{100}\right)^5$이 된다.

5년 후 처음 복지 예산의 2배가 되었으므로

$A\left(1+\frac{a}{100}\right)^5=2A$, 즉 $\left(1+\frac{a}{100}\right)^5=2$가 성립한다.

$\left(1+\frac{a}{100}\right)^5=2$의 양변에 로그를 취하면

$5\log\left(1+\frac{a}{100}\right)=\log 2$

$\log\left(1+\frac{a}{100}\right)=\frac{0.3}{5}=0.06=\log 1.15$

$1+\frac{a}{100}=1.15$

$\frac{a}{100}=0.15$

$a=15$

따라서 5년 동안 이 도시의 복지 예산은 매년 전년도 복지 예산의 15 %씩 늘어났다.

답 15

서술형 문항

14

$\sqrt[4]{n^m}=n^{\frac{m}{4}}$이므로

❶

$n^{\frac{m}{4}}$이 자연수가 되는 경우는

(i) $n=1$일 때, $m=1, 2, 3, 4$

(ii) $n=2, 3, 5, 6, 7, 8$일 때, $m=4$

(iii) $n=4$일 때, $m=2, 4$

❷

따라서 (i), (ii), (iii)에 의하여 순서쌍 (m, n)의 개수는

$4+6+2=12$

❸

답 12

단계	채점 기준	비율
❶	$\sqrt[4]{n^m}=n^{\frac{m}{4}}$으로 나타낸 경우	10%
❷	겹치지 않게 경우를 나누어 m, n의 값을 구한 경우	70%
❸	순서쌍 (m, n)의 개수를 구한 경우	20%

15

지수함수 $y=a^x-b(a>0,\ a\neq1)$는 일대일대응이므로 지수함수 $y=a^x-b$는 역함수가 존재한다.
$y=a^x-b$에서 $a^x=y+b$이므로 로그의 정의에 의하여 $x=\log_a(y+b)$이다. 이때 x와 y를 서로 바꾸면 구하는 역함수는 $y=\log_a(x+b)$이다.

❶

두 함수 $f(x)=a^x-b$와 $g(x)=\log_a(x+b)$가 서로 역함수 관계이므로 두 점 A, B를 지나는 직선의 방정식은 $y=x$이다. 또한 $\overline{AB}$의 수직이등분선 $y=-x+4$와 직선 $y=x$의 교점의 좌표가 $(2, 2)$이다.
$\overline{AB}=4\sqrt{2}$이고, $\overline{AB}$의 기울기가 1이므로 $A(0, 0)$, $B(4, 4)$이다.

❷

$f(x)=a^x-b$가 두 점 $A(0, 0)$, $B(4, 4)$를 지나므로
$a^0-b=0$에서 $b=1$
$a^4-1=4$에서 $a^4=5$
따라서 $a^4b=5\times1=5$

❸

답 5

단계	채점 기준	비율
❶	지수함수 $f(x)=a^x-b$와 로그함수 $g(x)=\log_a(x+b)$가 서로 역함수 관계임을 설명한 경우	20%
❷	두 점 A, B의 좌표를 구한 경우	50%
❸	a^4b의 값을 구한 경우	30%

수능 맛보기

본문 19쪽

1

점 A, B는 곡선 $y=\log_8 x$ 위의 점이고 x좌표가 각각 a, b이므로
$A(a, \log_8 a)$, $B(b, \log_8 b)$

따라서 삼각형 AEB의 넓이는

$$\frac{1}{2}\times\overline{AE}\times\overline{BE}=\frac{1}{2}\times(b-a)\times(\log_8 b-\log_8 a)$$
$$=\frac{1}{2}\times(b-a)\times(\log_{2^3} b-\log_{2^3} a)$$
$$=\frac{1}{2}\times(b-a)\times\frac{1}{3}\times(\log_2 b-\log_2 a)$$
$$=10$$

$$\frac{1}{2}\times(b-a)\times(\log_2 b-\log_2 a)=30$$

한편 점 C, D는 곡선 $y=\log_4 x$ 위의 점이고, x좌표가 각각 a, b이므로 $C(a, \log_4 a)$, $D(b, \log_4 b)$
따라서 삼각형 CFD의 넓이는

$$\frac{1}{2}\times\overline{CF}\times\overline{DF}=\frac{1}{2}\times(b-a)\times(\log_4 b-\log_4 a)$$
$$=\frac{1}{2}\times(b-a)\times(\log_{2^2} b-\log_{2^2} a)$$
$$=\frac{1}{2}\times(b-a)\times\frac{1}{2}\times(\log_2 b-\log_2 a)$$
$$=\frac{1}{2}\times\left\{\frac{1}{2}\times(b-a)\times(\log_2 b-\log_2 a)\right\}$$
$$=\frac{1}{2}\times30$$
$$=15$$

답 ③

2

x축과 만나는 점이 각각 A, B이므로
$2^{x+1}-1=0$에서
$2^{x+1}=1$, $x+1=0$
$x=-1$, 즉 $A(-1, 0)$
$\log_3(x+2)-1=0$에서
$\log_3(x+2)=1$, $x+2=3$
$x=1$, 즉 $B(1, 0)$
또한 곡선 $y=2^{x+1}-1$이 y축과 만나는 점이 C이므로
$f(x)=2^{x+1}-1$이라 하면
$f(0)=2-1=1$에서 $C(0, 1)$
점 D의 y좌표가 1이므로
$\log_3(x+2)-1=1$에서
$\log_3(x+2)=2$
$x+2=3^2$, $x+2=9$
$x=7$, 즉 $D(7, 1)$
따라서 $\overline{AB}=2$, $\overline{CO}=1$, $\overline{CD}=7$이므로
사다리꼴 ABDC의 넓이는
$\frac{1}{2}\times(7+2)\times1=\frac{9}{2}$

답 ②

Ⅱ. 삼각함수

01 삼각함수의 뜻과 그래프

본문 20~28쪽

1 ㄱ. $-\frac{8}{3}\pi=2\pi\times(-2)+\frac{4}{3}\pi$이므로 제3사분면의 각이다.

ㄴ. $-100^\circ=360^\circ\times(-1)+260^\circ$이므로 제3사분면의 각이다.

ㄷ. $\frac{3}{4}\pi$는 제2사분면의 각이다.

ㄹ. $660^\circ=360^\circ\times1+300^\circ$이므로 제4사분면의 각이다.

답 ㄱ, ㄴ

2 $60^\circ=60\times\frac{\pi}{180}=\frac{\pi}{3}$

① $-\frac{11}{3}\pi=2\pi\times(-2)+\frac{\pi}{3}$이므로 일치한다.

② $-\frac{5}{6}\pi=2\pi\times(-1)+\frac{7}{6}\pi$이므로 일치하지 않는다.

③ $\frac{9}{4}\pi=2\pi\times1+\frac{\pi}{4}$이므로 일치하지 않는다.

④ $\frac{8}{3}\pi=2\pi\times1+\frac{2}{3}\pi$이므로 일치하지 않는다.

⑤ $\frac{23}{5}\pi=2\pi\times2+\frac{3}{5}\pi$이므로 일치하지 않는다.

답 ①

3 반지름의 길이를 r라 하면

$\theta=\frac{\pi}{3}$, $l=2\pi$이므로

$l=r\theta$에서 $2\pi=r\times\frac{\pi}{3}$

따라서 $r=6$이다.

$S=\frac{1}{2}rl$

$=\frac{1}{2}\times6\times2\pi$

$=6\pi$

답 6π

[다른 풀이]

$S=\frac{1}{2}r^2\theta$

$=\frac{1}{2}\times6^2\times\frac{\pi}{3}$

$=6\pi$

4 $l=3\pi$, $S=6\pi$이므로

$S=\frac{1}{2}rl$에서 $6\pi=\frac{1}{2}\times r\times3\pi$

따라서 $r=4$이다.

$l=r\theta$에서 $3\pi=4\times\theta$

따라서 $\theta=\frac{3}{4}\pi$

답 $r=4$, $\theta=\frac{3}{4}\pi$

[다른 풀이]

$l=3\pi$, $S=6\pi$이므로

$S=\frac{1}{2}rl$에서 $6\pi=\frac{1}{2}\times r\times3\pi$

따라서 $r=4$이다.

$S=\frac{1}{2}r^2\theta$에서

$6\pi=\frac{1}{2}\times4^2\times\theta$

따라서 $\theta=\frac{3}{4}\pi$

5 다음 그림과 같이 각 $\frac{5}{6}\pi$를 나타내는 동경과 원점 O를 중심으로 하고 반지름의 길이가 1인 원의 교점을 P, 점 P에서 x축에 내린 수선의 발을 H라 하자.

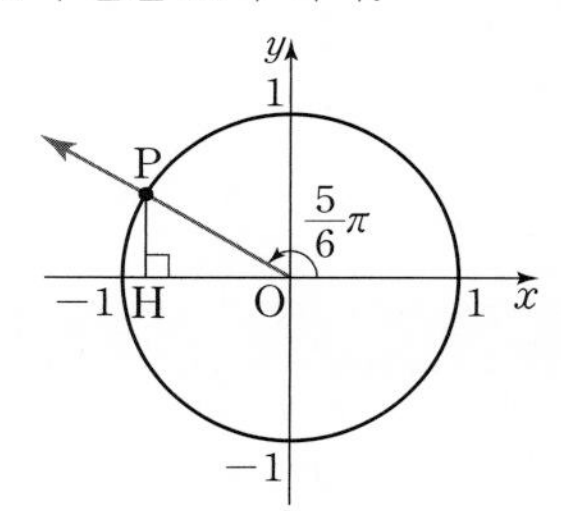

$\angle\text{POH}=\frac{\pi}{6}$이므로

$\overline{\text{OH}}=\overline{\text{OP}}\cos\frac{\pi}{6}=\frac{\sqrt{3}}{2}$, $\overline{\text{PH}}=\overline{\text{OP}}\sin\frac{\pi}{6}=\frac{1}{2}$

따라서 제2사분면 위의 점 P의 좌표는

$\text{P}\left(-\frac{\sqrt{3}}{2}, \frac{1}{2}\right)$이다.

$\cos\theta=\frac{x}{r}=-\frac{\sqrt{3}}{2}$

$\tan\theta=\frac{y}{x}=\frac{\frac{1}{2}}{-\frac{\sqrt{3}}{2}}$

$=-\frac{1}{\sqrt{3}}$

$=-\frac{\sqrt{3}}{3}$

이므로

$$\tan\theta-\cos\theta=-\frac{\sqrt{3}}{3}-\left(-\frac{\sqrt{3}}{2}\right)$$
$$=-\frac{2\sqrt{3}}{6}+\frac{3\sqrt{3}}{6}$$
$$=\frac{\sqrt{3}}{6}$$

답 $\frac{\sqrt{3}}{6}$

6 $\sin\theta\cos\theta<0$이므로

$\sin\theta>0$, $\cos\theta<0$ 또는 $\sin\theta<0$, $\cos\theta>0$인 경우로 나누어 생각할 수 있다.

(i) $\sin\theta>0$, $\cos\theta<0$인 경우
 $\sin\theta>0$에서 θ는 제1, 2사분면의 각이고
 $\cos\theta<0$에서 θ는 제2, 3사분면의 각이므로
 이를 모두 만족시키는 θ는 제2사분면의 각이다.

(ii) $\sin\theta<0$, $\cos\theta>0$인 경우
 $\sin\theta<0$에서 θ는 제3, 4사분면의 각이고
 $\cos\theta>0$에서 θ는 제1, 4사분면의 각이므로
 이를 모두 만족시키는 θ는 제4사분면의 각이다.

(i), (ii)에 의하여 θ는 제2, 4사분면의 각이다.

답 제2, 4사분면

7 $\sin\theta+\cos\theta=\frac{2}{3}$의 양변을 제곱하면

$\sin^2\theta+2\sin\theta\cos\theta+\cos^2\theta=\frac{4}{9}$

이때 $\sin^2\theta+\cos^2\theta=1$이므로

$1+2\sin\theta\cos\theta=\frac{4}{9}$

$\sin\theta\cos\theta=-\frac{5}{18}$

답 $-\frac{5}{18}$

8 $\frac{\tan\theta}{\cos\theta}=\frac{\frac{\sin\theta}{\cos\theta}}{\cos\theta}=\frac{\sin\theta}{\cos^2\theta}$이므로

$$\frac{1}{\cos^2\theta}+\frac{\tan\theta}{\cos\theta}=\frac{1}{\cos^2\theta}+\frac{\sin\theta}{\cos^2\theta}$$
$$=\frac{1+\sin\theta}{\cos^2\theta}$$
$$=\frac{1+\sin\theta}{1-\sin^2\theta}$$
$$=\frac{1+\sin\theta}{(1+\sin\theta)(1-\sin\theta)}$$
$$=\frac{1}{1-\sin\theta}$$
$$=\frac{1}{1-\frac{1}{4}}$$
$$=\frac{4}{3}$$

답 $\frac{4}{3}$

[다른 풀이]

$\sin^2\theta+\cos^2\theta=1$이므로

$\left(\frac{1}{4}\right)^2+\cos^2\theta=1$

따라서 $\cos^2\theta=\frac{15}{16}$이므로 $\cos\theta=\frac{\sqrt{15}}{4}$ 또는 $\cos\theta=-\frac{\sqrt{15}}{4}$이다.

(i) $\cos\theta=\frac{\sqrt{15}}{4}$일 때

 $\tan\theta=\frac{\sin\theta}{\cos\theta}=\frac{\frac{1}{4}}{\frac{\sqrt{15}}{4}}=\frac{\sqrt{15}}{15}$이므로

 $\frac{\tan\theta}{\cos\theta}=\frac{\frac{\sqrt{15}}{15}}{\frac{\sqrt{15}}{4}}=\frac{4}{15}$

 따라서 $\frac{1}{\cos^2\theta}+\frac{\tan\theta}{\cos\theta}=\frac{16}{15}+\frac{4}{15}=\frac{20}{15}=\frac{4}{3}$

(ii) $\cos\theta=-\frac{\sqrt{15}}{4}$일 때

 $\tan\theta=\frac{\sin\theta}{\cos\theta}=\frac{\frac{1}{4}}{-\frac{\sqrt{15}}{4}}=-\frac{\sqrt{15}}{15}$이므로

 $\frac{\tan\theta}{\cos\theta}=\frac{-\frac{\sqrt{15}}{15}}{-\frac{\sqrt{15}}{4}}=\frac{4}{15}$

 따라서 $\frac{1}{\cos^2\theta}+\frac{\tan\theta}{\cos\theta}=\frac{16}{15}+\frac{4}{15}=\frac{20}{15}=\frac{4}{3}$

(i), (ii)에 의하여 구하는 값은 $\frac{4}{3}$이다.

9 오른쪽 그림과 같이 $y=3\sin 2x$에서 주기는 $\frac{2\pi}{|2|}=\pi$이다.

$-1\le\sin x\le1$에서

$-1\le\sin 2x\le1$이고

$-3\le3\sin 2x\le3$

이므로 치역은 $\{y\,|\,-3\le y\le3\}$이다.

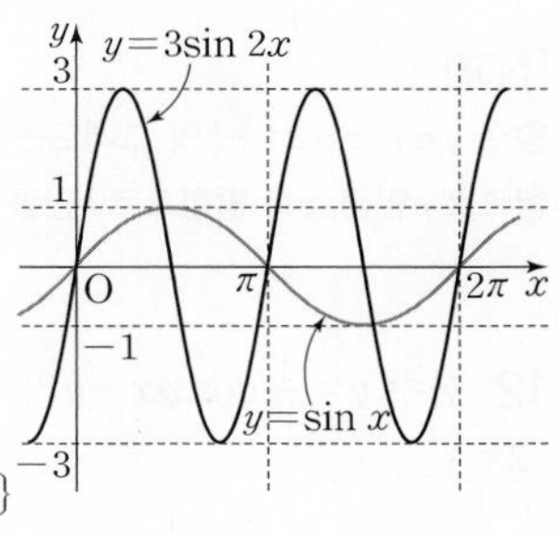

답 주기 : π, 치역 : $\{y\,|\,-3\le y\le3\}$

10

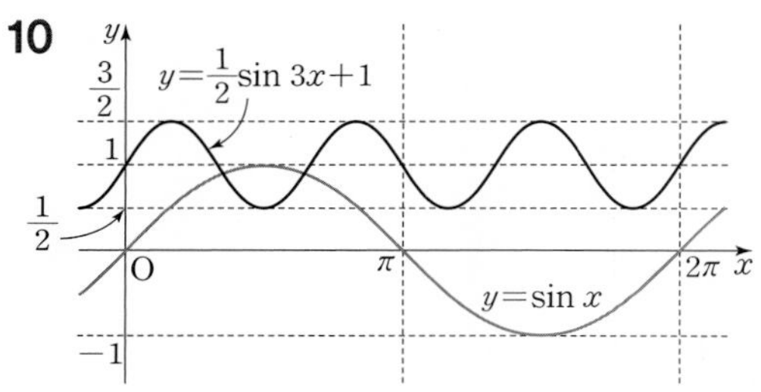

$y=\frac{1}{2}\sin 3x+1$에서 주기는 $\frac{2\pi}{|3|}=\frac{2}{3}\pi$이다.

$-1\le\sin x\le1$에서 $-1\le\sin 3x\le1$이고

$-\frac{1}{2}\le\frac{1}{2}\sin 3x\le\frac{1}{2}$

$\frac{1}{2}\le\frac{1}{2}\sin 3x+1\le\frac{3}{2}$

이므로 치역은 $\left\{y\,\middle|\,\frac{1}{2}\le y\le\frac{3}{2}\right\}$이다.

답 주기 : $\frac{2}{3}\pi$, 치역 : $\left\{y\,\middle|\,\frac{1}{2}\le y\le\frac{3}{2}\right\}$

11

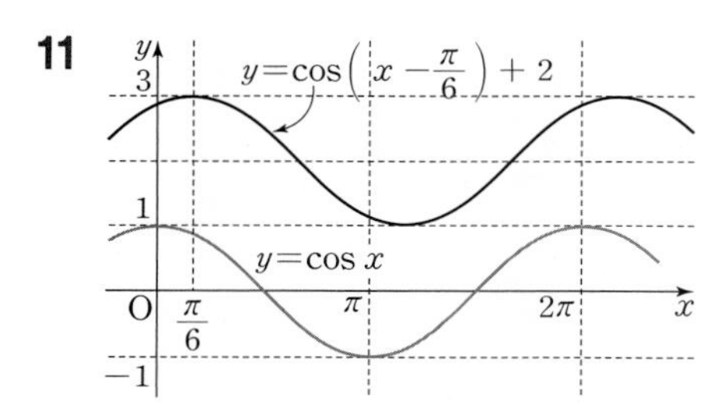

$y=\cos\left(x-\frac{\pi}{6}\right)+2$의 그래프는 $y=\cos x$의 그래프를 x축 방향으로 $\frac{\pi}{6}$, y축 방향으로 2만큼 평행이동한 것이므로 주기는 $y=\cos x$의 그래프와 같이 2π이고

$-1\le\cos\left(x-\frac{\pi}{6}\right)\le1$에서

$1\le\cos\left(x-\frac{\pi}{6}\right)+2\le3$

이므로 치역은 $\{y\,|\,1\le y\le3\}$이다.

답 주기 : 2π, 치역 : $\{y\,|\,1\le y\le3\}$

[참고]

함수 $y=f(x-a)+b$의 그래프는 함수 $y=f(x)$의 그래프를 x축 방향으로 a만큼, y축 방향으로 b만큼 평행이동한 것이다.

12 함수 $y=\frac{1}{3}\cos ax+b$의 주기가 π이므로

$\frac{2\pi}{|a|}=\pi$

$a>0$이므로 $a=2$

$-1\le\cos ax\le1$에서

$-\frac{1}{3}\le\frac{1}{3}\cos ax\le\frac{1}{3}$

$-\frac{1}{3}+b\le\frac{1}{3}\cos ax+b\le\frac{1}{3}+b$

이므로 함수의 최댓값은 $\frac{1}{3}+b=1$에서

$b=\frac{2}{3}$

따라서 $a+b=2+\frac{2}{3}=\frac{8}{3}$

답 $\frac{8}{3}$

13

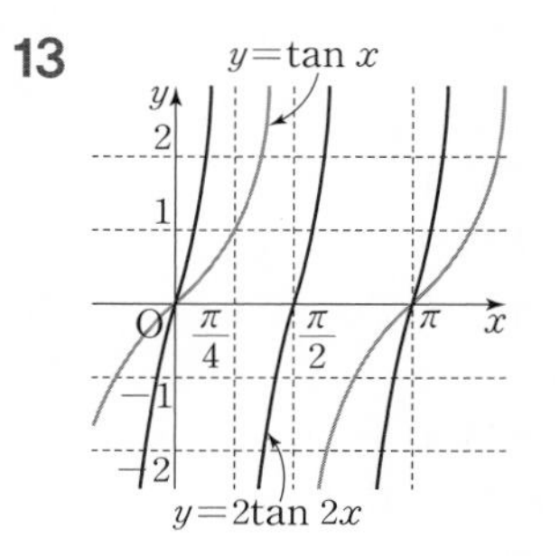

함수 $y=2\tan 2x$의 주기는 $\frac{\pi}{|2|}=\frac{\pi}{2}$이다.

점근선의 방정식은

$2x=n\pi+\frac{\pi}{2}$ (단, n은 정수)에서

$x=\frac{n}{2}\pi+\frac{\pi}{4}$이다.

답 주기 : $\frac{\pi}{2}$, 점근선의 방정식 : $x=\frac{n}{2}\pi+\frac{\pi}{4}$ (단, n은 정수)

14 함수 $y=\tan(ax+b)$의 주기가 $\frac{\pi}{2}$이므로

$\frac{\pi}{|a|}=\frac{\pi}{2}$

$a>0$이므로 $a=2$

점근선의 방정식은

$2x+b=n\pi+\frac{\pi}{2}$(n은 정수)에서

$x=\frac{n}{2}\pi+\frac{\pi}{4}-\frac{b}{2}$

$=\frac{n}{2}\pi$

$0<b<\pi$이므로 $b=\frac{\pi}{2}$

따라서 $a\times b=2\times\frac{\pi}{2}=\pi$

답 π

15 $\sin\left(\pi+\frac{2}{3}\pi\right)=-\sin\frac{2}{3}\pi=-\frac{\sqrt{3}}{2}$

$\cos\left(\frac{\pi}{2}+\frac{\pi}{3}\right)=-\sin\frac{\pi}{3}=-\frac{\sqrt{3}}{2}$

$$\tan\left(-\frac{5}{4}\pi\right)=-\tan\frac{5}{4}\pi$$
$$=-\tan\left(\pi+\frac{\pi}{4}\right)$$
$$=-\tan\frac{\pi}{4}$$
$$=-1$$

따라서 $\dfrac{\tan\left(-\frac{5}{4}\pi\right)}{\sin\left(\pi+\frac{\pi}{3}\right)+\cos\left(\frac{\pi}{2}+\frac{\pi}{3}\right)}$

$$=\frac{-1}{-\frac{\sqrt{3}}{2}-\frac{\sqrt{3}}{2}}$$
$$=\frac{1}{\sqrt{3}}$$
$$=\frac{\sqrt{3}}{3}$$

답 $\frac{\sqrt{3}}{3}$

16 $\sin^2(\pi+\theta)=\sin^2\theta$

$\sin\left(\frac{\pi}{2}-\theta\right)=\cos\theta$

$\cos(\pi+\theta)=-\cos\theta$

따라서 $\sin^2(\pi+\theta)-\sin\left(\frac{\pi}{2}-\theta\right)\cos(\pi+\theta)$

$$=\sin^2\theta-\cos\theta\times(-\cos\theta)$$
$$=\sin^2\theta+\cos^2\theta$$
$$=1$$

답 1

17 방정식을 정리하면 $\tan x=\sqrt{3}$이고
함수 $y=\tan x$의 그래프와 직선 $y=\sqrt{3}$의 그래프는 다음 그림과 같다.

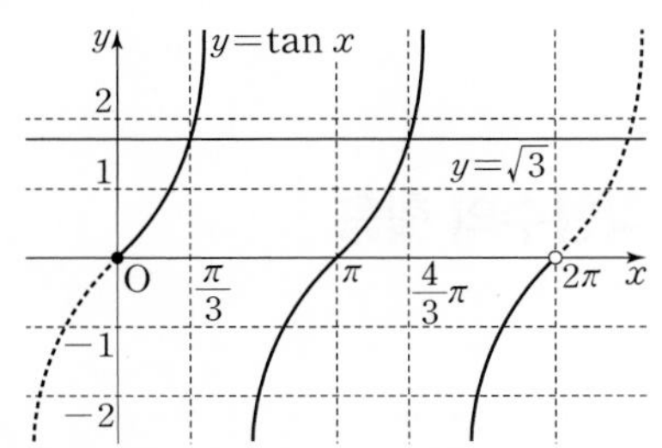

방정식의 해는 $0\le x<2\pi$에서 함수 $y=\tan x$의 그래프와 직선 $y=\sqrt{3}$의 교점의 x좌표와 같다.

따라서 구하는 해는 $x=\frac{\pi}{3}$ 또는 $x=\frac{4}{3}\pi$이므로 합은 $\frac{5}{3}\pi$이다.

답 $\frac{5}{3}\pi$

18 $0\le x<2\pi$에서 함수 $y=\sin x$의 그래프와
직선 $y=\frac{1}{2}$, $y=\frac{\sqrt{3}}{2}$의 그래프는 다음 그림과 같다.

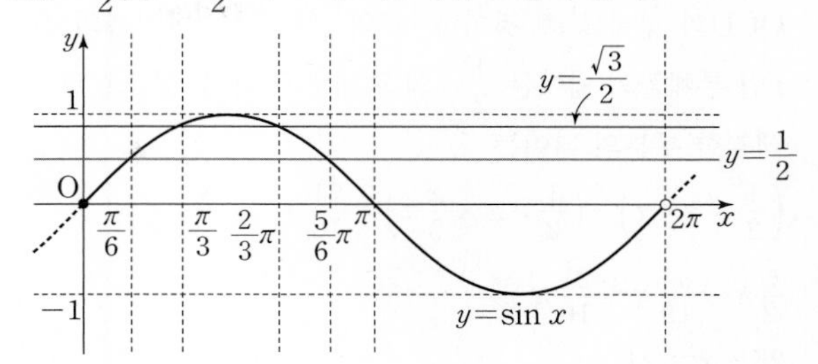

부등식 $\frac{1}{2}\le\sin x\le\frac{\sqrt{3}}{2}$의 해는 $0\le x<2\pi$에서 함수 $y=\sin x$의 그래프가 직선 $y=\frac{1}{2}$보다 위쪽에 있고, $y=\frac{\sqrt{3}}{2}$보다는 아래쪽에 있는 x의 값의 범위와 같으므로

$\frac{\pi}{6}\le x\le\frac{\pi}{3}$ 또는 $\frac{2}{3}\pi\le x\le\frac{5}{6}\pi$

답 $\frac{\pi}{6}\le x\le\frac{\pi}{3}$ 또는 $\frac{2}{3}\pi\le x\le\frac{5}{6}\pi$

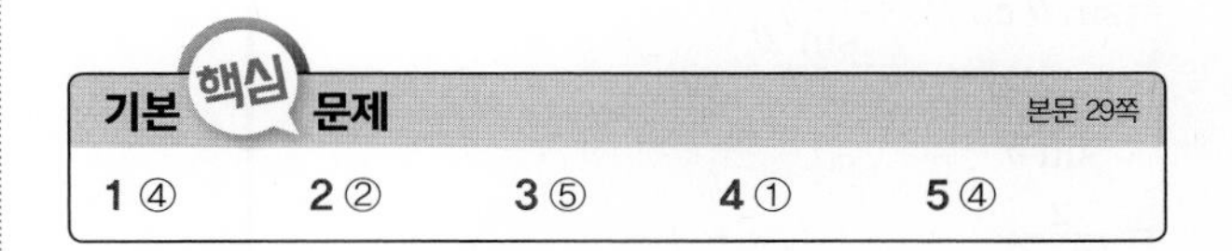

기본 핵심 문제
본문 29쪽
1 ④
2 ②
3 ⑤
4 ①
5 ④

1

부채꼴 OAB의 중심각의 크기를 θ라 하면
$l=r\theta$에서 $\pi=5\theta$이므로

$\theta=\frac{\pi}{5}$

색칠한 부분의 넓이는 부채꼴 OAB의 넓이에서 부채꼴 OCD의 넓이를 뺀 것이다. 부채꼴 OCD의 반지름의 길이를 x라 하면

$\left(\frac{1}{2}\times5^2\times\frac{\pi}{5}\right)-\left(\frac{1}{2}\times x^2\times\frac{\pi}{5}\right)=\frac{21}{10}\pi$

$\frac{5}{2}\pi-\frac{x^2}{10}\pi=\frac{21}{10}\pi$

$25-x^2=21$

$x^2=4$

$x>0$이므로 $x=2$

답 ④

[다른 풀이]

부채꼴 OCD의 반지름의 길이를 x, 호 CD의 길이를 y라 하면 부채꼴의 반지름의 길이와 호의 길이는 정비례하므로

$x:5=y:\pi$

$y=\frac{x}{5}\pi$

색칠한 부분의 넓이는 부채꼴 OAB의 넓이에서 부채꼴 OCD의 넓이를 뺀 것이다. 호의 길이를 l, 반지름의 길이가 r인 부채꼴의 넓이는 $\frac{1}{2}rl$의 형태로 구할 수 있으므로

색칠한 부분의 넓이는

$\left(\frac{1}{2}\times5\times\pi\right)-\left(\frac{1}{2}\times x\times\frac{x}{5}\pi\right)=\frac{21}{10}\pi$

$\frac{5}{2}\pi-\frac{x^2}{10}\pi=\frac{21}{10}\pi$

$25-x^2=21$

$x^2=4$

$x>0$이므로 $x=2$

2

$\frac{\sin\theta\cos\theta}{1-\cos\theta}+\frac{\sin\theta\cos\theta}{1+\cos\theta}$

$=\sin\theta\cos\theta\left(\frac{1}{1-\cos\theta}+\frac{1}{1+\cos\theta}\right)$

$=\sin\theta\cos\theta\times\frac{2}{1-\cos^2\theta}$

$=\sin\theta\cos\theta\times\frac{2}{\sin^2\theta}$

$=\frac{2\cos\theta}{\sin\theta}$

$=\frac{2}{\tan\theta}$

$=\frac{2}{\sqrt{2}}$

$=\sqrt{2}$

답 ②

3

함수 $y=3\sin ax+b$의 주기가 $\frac{\pi}{2}$이므로

$\frac{2\pi}{|a|}=\frac{\pi}{2}$

$a>0$이므로 $a=4$

$-1\le\sin ax\le1$에서

$-3\le3\sin ax\le3$

$-3+b\le3\sin ax+b\le3+b$

이므로 함수 $y=3\sin ax+b$의 최댓값은

$3+b=5$, $b=2$

함수 $y=3\sin ax+b$의 최솟값은

$-3+b=m$, $m=-1$

따라서 $a+b+m=4+2+(-1)=5$

답 ⑤

4

$\cos(3\pi+\theta)=\cos(\pi+\theta)=-\cos\theta$

$\sin\left(\frac{5}{2}\pi-\theta\right)=\sin\left(\frac{1}{2}\pi-\theta\right)=\cos\theta$

$\tan(\pi-\theta)=\tan(-\theta)=-\tan\theta$

따라서 $\cos(3\pi+\theta)+\sin\left(\frac{5}{2}\pi-\theta\right)+\tan(\pi-\theta)$

$=-\cos\theta+\cos\theta-\tan\theta$

$=-\tan\theta=-\frac{1}{2}$

답 ①

5

$2\cos^2x-3\sin x=0$에서 $\cos^2x=1-\sin^2x$이므로

$2(1-\sin^2x)-3\sin x=0$

$2\sin^2x+3\sin x-2=0$

$(2\sin x-1)(\sin x+2)=0$

$-1\le\sin x\le1$이므로 $\sin x=\frac{1}{2}$

함수 $y=\sin x$의 그래프와 직선 $x=\frac{1}{2}$의 그래프는 다음 그림과 같다.

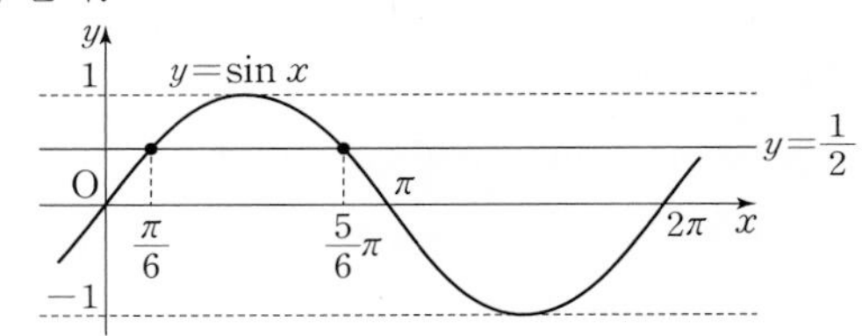

$0\le x<2\pi$에서 $\sin x=\frac{1}{2}$을 만족시키는 x의 값은

$x=\frac{\pi}{6}$ 또는 $x=\frac{5}{6}\pi$

이므로 두 근의 합은

$\frac{\pi}{6}+\frac{5}{6}\pi=\pi$

답 ④

02 삼각함수의 활용

본문 30~32쪽

1 $A=\frac{\pi}{4}$, $B=\frac{7}{12}\pi$이므로 $C=\pi-\frac{\pi}{4}-\frac{7}{12}\pi=\frac{\pi}{6}$이다.

사인법칙에 의하여

$\frac{a}{\sin A}=\frac{c}{\sin C}$이므로

$\frac{3\sqrt{2}}{\sin\frac{\pi}{4}}=\frac{c}{\sin\frac{\pi}{6}}$

$$\frac{3\sqrt{2}}{\frac{\sqrt{2}}{2}}=\frac{c}{\frac{1}{2}}$$

$c=3$

답 3

2 삼각형 ABC의 외접원의 반지름을 R라 하면, 사인법칙에 의하여

$\sin A=\frac{a}{2R}$, $\sin B=\frac{b}{2R}$, $\sin C=\frac{c}{2R}$이므로

주어진 식에 대입하면

$$\left(\frac{a}{2R}\right)^2=\left(\frac{b}{2R}\right)^2+\left(\frac{c}{2R}\right)^2$$

$$\frac{a^2}{4R^2}=\frac{b^2}{4R^2}+\frac{c^2}{4R^2}$$

$a^2=b^2+c^2$

따라서 삼각형 ABC는 a가 빗변인 직각삼각형이다.

답 a가 빗변인 직각삼각형

[참고]

세 변의 길이가 각각 a, b, c인 삼각형에서

$a^2=b^2+c^2$

이면 이 삼각형은 빗변의 길이가 a인 직각삼각형이다.

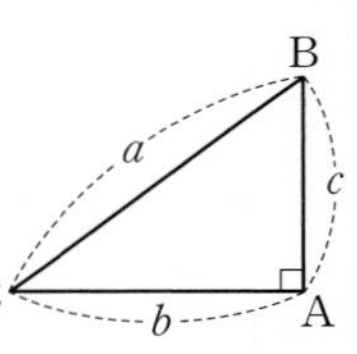

3 $a=7$, $b=8$, $c=9$이므로 코사인법칙에 의하여

$$\cos C=\frac{a^2+b^2-c^2}{2ab}=\frac{7^2+8^2-9^2}{2\times7\times8}=\frac{2}{7}$$

답 $\frac{2}{7}$

4 코사인법칙에 의하여

$\cos A=\frac{b^2+c^2-a^2}{2bc}$, $\cos B=\frac{a^2+c^2-b^2}{2ac}$이므로

$a\cos B=b\cos A$에서

$$a\times\frac{a^2+c^2-b^2}{2ac}=b\times\frac{b^2+c^2-a^2}{2bc}$$

$$\frac{a^2+c^2-b^2}{2c}=\frac{b^2+c^2-a^2}{2c}$$

$a^2+c^2-b^2=b^2+c^2-a^2$

$a^2=b^2$

이고, $a>0$, $b>0$이므로

$a=b$

따라서 삼각형 ABC는 $a=b$인 이등변삼각형이다.

답 $a=b$인 이등변삼각형

5 삼각형 ABC의 넓이를 S, 선분 AC의 길이를 x라 하면 삼각형 ABC의 넓이가 6이므로

$$S=\frac{1}{2}\times4\times x\times\sin 30^\circ=\frac{1}{2}\times4\times x\times\frac{1}{2}=6$$

따라서 $x=6$

답 6

6 평행사변형에서 이웃하는 두 각의 합은 180°이므로

$B=45^\circ$

이때 삼각형 ABC의 넓이 S는

$$S=\frac{1}{2}\times2\times4\times\sin 45^\circ=\frac{1}{2}\times2\times4\times\frac{\sqrt{2}}{2}=2\sqrt{2}$$

평행사변형 ABCD의 넓이는 삼각형 ABC의 넓이의 2배이므로 $4\sqrt{2}$이다.

답 $4\sqrt{2}$

[다른 풀이]

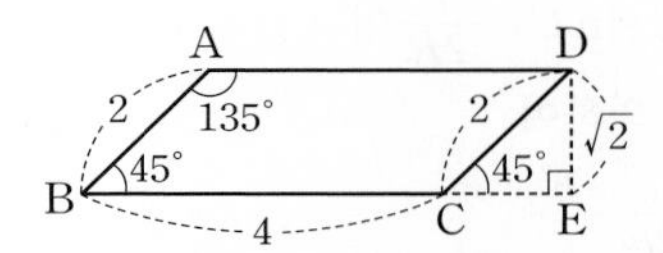

점 D에서 $\overline{BC}$의 연장선에 내린 수선의 발을 E라 하자.

$B=45^\circ$이므로 동위각으로 $\angle DCE=45^\circ$이다.

$\overline{DE}=h$라 하면 $\sin 45^\circ=\frac{h}{2}=\frac{\sqrt{2}}{2}$이므로

$h=\sqrt{2}$

따라서 평행사변형의 넓이는

$4\times\sqrt{2}=4\sqrt{2}$

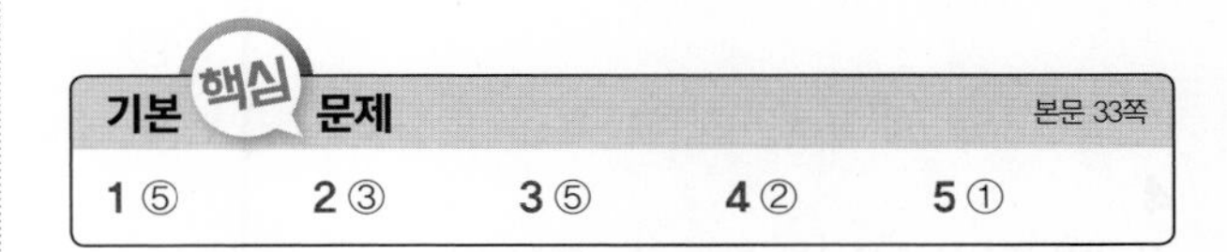

1 ⑤	2 ③	3 ⑤	4 ②	5 ①

1

$$\frac{a}{\sin A}=\frac{6}{\sin 120^\circ}=\frac{6}{\frac{\sqrt{3}}{2}}=4\sqrt{3}$$

사인법칙에 의하여

$$\frac{a}{\sin A}=\frac{b}{\sin B}=2R$$

이므로

$\frac{4}{\sin B}=4\sqrt{3}$에서 $\sin B=\frac{\sqrt{3}}{3}$이므로 $k=\frac{\sqrt{3}}{3}$이고

$2R=4\sqrt{3}$에서 $R=2\sqrt{3}$이다.

따라서 $k+R=\frac{\sqrt{3}}{3}+2\sqrt{3}=\frac{7}{3}\sqrt{3}$

답 ⑤

2

선분 AC의 길이를 x라 하면 코사인법칙에 의하여

$14^2=6^2+x^2-2\times6\times x\times\cos 120°$

$196=36+x^2+6x$

$x^2+6x-160=0$

$(x-10)(x+16)=0$

$x=10$ 또는 $x=-16$

그런데 $x>0$이므로 $x=10$

답 ③

3

삼각형 ABC의 외접원의 반지름을 R라 하면

사인법칙에 의하여

$\sin A=\frac{a}{2R}$, $\sin C=\frac{c}{2R}$이고

코사인법칙에 의하여

$\cos B=\frac{a^2+c^2-b^2}{2ac}$

주어진 식에 대입하여 정리하면

$\frac{a}{2R}=2\times\frac{a^2+c^2-b^2}{2ac}\times\frac{c}{2R}$

$a=\frac{a^2+c^2-b^2}{a}$

$a^2=a^2+c^2-b^2$

$b^2=c^2$

그런데 $b>0$, $c>0$이므로 $b=c$이다.

따라서 삼각형 ABC는 $b=c$인 이등변삼각형이다.

답 ⑤

4

삼각형 ABC에서 $B=75°$, $C=60°$이므로 $A=45°$이다.

선분 AB의 길이를 x m라 하면 사인법칙에 의하여

$\frac{200}{\sin 45°}=\frac{x}{\sin 60°}$

$\frac{200}{\frac{\sqrt{2}}{2}}=\frac{x}{\frac{\sqrt{3}}{2}}$

따라서 $x=100\sqrt{6}$(m)

답 ②

5

삼각형 ABC에서 $A=\pi-(B+C)$이므로

$\sin A=\sin\{\pi-(B+C)\}$

$=\sin(B+C)$

$=\frac{1}{3}$

삼각형 ABC의 넓이를 S라 하면

$S=\frac{1}{2}bc\sin A$

$=\frac{1}{2}\times4\times6\times\frac{1}{3}$

$=4$

답 ①

단원 종합 문제

본문 34~36쪽

1 ④	2 5	3 ④	4 ④
5 ③	6 ④	7 $\cos\theta-\sin\theta$	
8 $x=\frac{2}{3}\pi$ 또는 $x=\frac{4}{3}\pi$		9 ⑤	10 ④
11 ①	12 $6\sqrt{2}$	13 $\frac{7}{3}\sqrt{3}$	
14 $\frac{\pi}{2}$			

1

① $-520°=360°\times(-2)+200°$이므로 제3사분면의 각이다.

② $-\frac{5}{6}\pi=2\pi\times(-1)+\frac{7}{6}\pi$이므로 제3사분면의 각이다.

③ $\frac{4}{3}\pi$는 제3사분면의 각이다.

④ $\frac{11}{4}\pi=2\pi\times1+\frac{3}{4}\pi$이므로 제2사분면의 각이다.

⑤ $920°=360°\times2+200°$이므로 제3사분면의 각이다.

답 ④

2

부채꼴의 반지름의 길이를 r, 호의 길이를 l, 넓이를 S라 하면 둘레의 길이가 20이므로

$2r+l=20$

$l=20-2r$

반지름의 길이 r와 호의 길이 l로 부채꼴의 넓이 S를 구하면

$S=\frac{1}{2}rl$

$=\frac{1}{2}r(20-2r)$

$=-r^2+10r$
$=-(r^2-10r+25-25)$
$=-(r-5)^2+25$
이므로 $r=5$일 때, S는 최댓값 25를 갖는다.

답 5

3

각 θ가 제2사분면의 각이므로
$\sin\theta>0$, $\cos\theta<0$이다.
$|\cos\theta-\sin\theta|-\sqrt{\cos^2\theta}+|2\sin\theta|$
$=-(\cos\theta-\sin\theta)-(-\cos\theta)+2\sin\theta$
$=3\sin\theta$
$\sin^2\theta=1-\cos^2\theta$에서
$\sin^2\theta=1-\left(-\frac{1}{3}\right)^2$
$=1-\frac{1}{9}=\frac{8}{9}$
$\sin\theta>0$이므로
$\sin\theta=\frac{2\sqrt{2}}{3}$
따라서 주어진 식의 값은
$3\sin\theta=3\times\frac{2\sqrt{2}}{3}$
$=2\sqrt{2}$

답 ④

4

이차방정식의 근과 계수의 관계에 의하여 두 근의 합과 곱은
$\sin\theta+\cos\theta=\frac{a}{2}$ …… ㉠
$\sin\theta\cos\theta=\frac{1}{2}$ …… ㉡
㉠의 양변을 제곱하면
$\sin^2\theta+2\sin\theta\cos\theta+\cos^2\theta=\frac{a^2}{4}$
$1+2\sin\theta\cos\theta=\frac{a^2}{4}$
㉡을 대입하면
$1+2\times\frac{1}{2}=\frac{a^2}{4}$
$a^2=8$
그런데 $a>0$이므로 $a=2\sqrt{2}$이다.

답 ④

5

함수 $f(x)=\cos(ax-b)+c$에서
주기는 $\frac{2\pi}{|a|}=\pi$이므로 양수 a는 $a=2$이다.
최댓값은 $1+c=3$이므로 $c=2$이다.
$f\left(\frac{\pi}{2}\right)=\cos\left(2\times\frac{\pi}{2}-b\right)+2$
$=-\cos b+2=2$
에서 $\cos b=0$
$0<b<\pi$이므로 $b=\frac{\pi}{2}$
따라서 $abc=2\times\frac{\pi}{2}\times2=2\pi$

답 ③

6

$-a\le a\sin bx\le a$이고
그래프에서 함수의 최댓값은 4, 최솟값은 -4이므로
$a=4$
또한, 그래프에서 주기는 $\frac{\pi}{3}\times4=\frac{4}{3}\pi$이고
$\frac{2\pi}{|b|}=\frac{4}{3}\pi$이므로 양수 b는
$b=\frac{3}{2}$
따라서 $ab=4\times\frac{3}{2}=6$

답 ④

7

$\frac{\cos\left(\frac{\pi}{2}+\theta\right)}{\tan(\pi-\theta)}-\frac{\sin\left(\frac{\pi}{2}+\theta\right)\sin\theta}{\sin\left(\frac{\pi}{2}-\theta\right)}$
$=\frac{-\sin\theta}{-\tan\theta}-\frac{\cos\theta\sin\theta}{\cos\theta}$
$=\cos\theta-\sin\theta$

답 $\cos\theta-\sin\theta$

8

$\tan x=\frac{\sin x}{\cos x}$, $\sin^2x=1-\cos^2x$이므로
$-2\sin x\tan x=3$
$-2\sin x\times\frac{\sin x}{\cos x}=3$
$-2\sin^2x=3\cos x$
$-2(1-\cos^2x)=3\cos x$
$2\cos^2x-3\cos x-2=0$
$(2\cos x+1)(\cos x-2)=0$
$-1\le\cos x\le1$이므로 $\cos x=-\frac{1}{2}$

함수 $y=\cos x$의 그래프와 직선 $y=-\frac{1}{2}$의 그래프는 다음 그림과 같다.

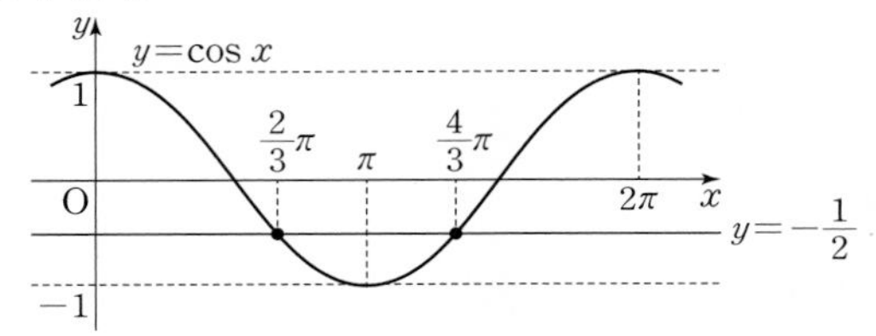

$0\le x<2\pi$에서 이를 만족시키는 x의 값은

$x=\frac{2}{3}\pi$ 또는 $x=\frac{4}{3}\pi$

답 $x=\frac{2}{3}\pi$ 또는 $x=\frac{4}{3}\pi$

9

$\tan^2 x-(1+\sqrt{3})\tan x+\sqrt{3}\le 0$

$(\tan x-1)(\tan x-\sqrt{3})\le 0$

$1\le \tan x\le \sqrt{3}$

함수 $y=\tan x$의 그래프와 직선 $y=1$, $y=\sqrt{3}$의 그래프는 다음 그림과 같다.

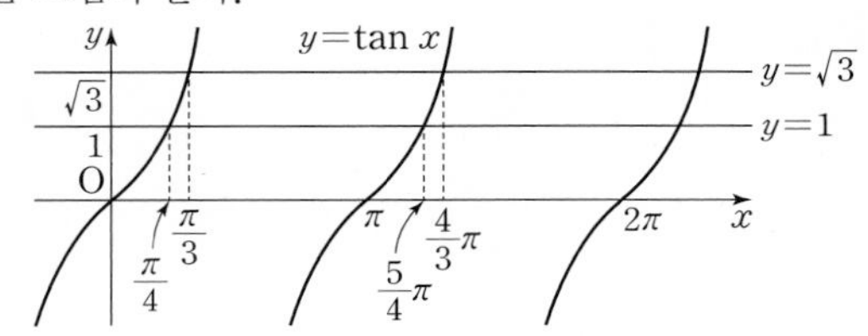

$0\le x<2\pi$에서 이를 만족시키는 x의 값의 범위는

$\frac{\pi}{4}\le x\le\frac{\pi}{3}$, $\frac{5}{4}\pi\le x\le\frac{4}{3}\pi$

x의 최댓값은 $\frac{4}{3}\pi$, 최솟값은 $\frac{\pi}{4}$이므로

$M+m=\frac{4}{3}\pi+\frac{\pi}{4}=\frac{19}{12}\pi$

답 ⑤

10

사인법칙에 의하여

$\sin A=\frac{a}{2R}$, $\sin B=\frac{b}{2R}$, $\sin C=\frac{c}{2R}$이므로

$$\sin A : \sin B : \sin C=\frac{a}{2R} : \frac{b}{2R} : \frac{c}{2R}$$
$$=a : b : c$$
$$=2 : 3 : 4$$

$k>0$에 대하여

$a=2k$, $b=3k$, $c=4k$라 하면

코사인법칙에 의하여

$$\cos A=\frac{b^2+c^2-a^2}{2bc}$$
$$=\frac{9k^2+16k^2-4k^2}{2\times 3k\times 4k}$$
$$=\frac{21k^2}{24k^2}$$
$$=\frac{7}{8}$$

답 ④

11

산꼭대기까지의 높이 $\overline{\mathrm{CD}}$의 길이를 x m라 하면

$\angle\mathrm{ADC}=60°$, $\angle\mathrm{BDC}=45°$이므로

$\overline{\mathrm{AC}}=\sqrt{3}x$, $\overline{\mathrm{BC}}=x$

삼각형 ABC에서 코사인법칙에 의하여

$100^2=(\sqrt{3}x)^2+x^2-2\times\sqrt{3}x\times x\times\cos 30°$

$10000=3x^2+x^2-3x^2$

$x^2=10000$

그런데 $x>0$이므로 $x=100$(m)

답 ①

12

$\angle\mathrm{CBA}=\theta$라 하면 삼각형 ABC에서 코사인법칙에 의하여

$(\sqrt{17})^2=3^2+4^2-2\times 3\times 4\times\cos\theta$

$17=9+16-24\cos\theta$

$24\cos\theta=8$

$\cos\theta=\frac{1}{3}$

$\sin^2\theta=1-\cos^2\theta$이므로

$\sin^2\theta=1-\frac{1}{9}=\frac{8}{9}$

θ는 예각이므로 $\sin\theta>0$

따라서 $\sin\theta=\frac{2\sqrt{2}}{3}$이다.

원에 내접한 사각형의 성질에 의하여

$\angle\mathrm{CDA}=\pi-\theta$

$\overline{\mathrm{AD}}=x$라 하면 삼각형 CDA에서 코사인법칙에 의하여

$(\sqrt{17})^2=2^2+x^2-2\times 2\times x\times\cos(\pi-\theta)$

$17=4+x^2-4x\times(-\cos\theta)$

$17=4+x^2+\frac{4}{3}x$

$x^2+\frac{4}{3}x-13=0$

$3x^2+4x-39=0$

$(3x+13)(x-3)=0$

그런데 $x>0$이므로 $x=3$

삼각형 ABC의 넓이를 S_1이라 하면

$S_1=\frac{1}{2}\times3\times4\times\sin\theta$

$=\frac{1}{2}\times3\times4\times\frac{2\sqrt{2}}{3}$

$=4\sqrt{2}$

삼각형 CDA의 넓이를 S_2라 하면

$S_2=\frac{1}{2}\times2\times3\times\sin(\pi-\theta)$

$=\frac{1}{2}\times2\times3\times\frac{2\sqrt{2}}{3}$

$=2\sqrt{2}$

따라서 사각형 ABCD의 넓이는

$S_1+S_2=4\sqrt{2}+2\sqrt{2}$

$=6\sqrt{2}$

답 $6\sqrt{2}$

서술형 문항

13

$\overline{BC}=x$라 하면 코사인법칙에 의하여

$x^2=5^2+3^2-2\times5\times3\times\cos120^\circ$

$=25+9+15$

$=49$

그런데 $x>0$이므로 $x=7$

❶

사인법칙에 의하여

$\frac{7}{\sin120^\circ}=2R$

$\frac{7}{\frac{\sqrt{3}}{2}}=\frac{14}{\sqrt{3}}=\frac{14}{3}\sqrt{3}=2R$이므로

$R=\frac{7}{3}\sqrt{3}$

❷

답 $\frac{7}{3}\sqrt{3}$

단계	채점 기준	비율
❶	코사인법칙을 이용하여 $\overline{BC}$의 길이를 구한 경우	50%
❷	사인법칙을 이용하여 R의 길이를 구한 경우	50%

14

이차방정식이 중근을 가지므로

$D=\cos^2\theta-4(\sin\theta-1)=0$

❶

$\cos^2\theta-4\sin\theta+4=0$

$\cos^2\theta=1-\sin^2\theta$이므로

$1-\sin^2\theta-4\sin\theta+4=0$

$\sin^2\theta+4\sin\theta-5=0$

❷

$(\sin\theta+5)(\sin\theta-1)=0$

$-1\le\sin\theta\le1$이므로

$\sin\theta=1$

❸

함수 $y=\sin x$의 그래프와 직선 $y=1$의 그래프는 다음 그림과 같다.

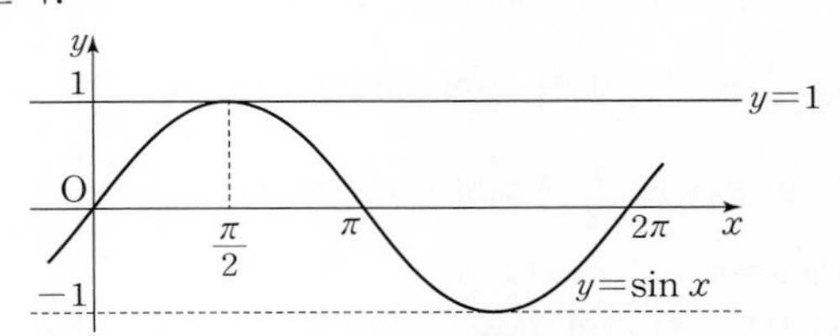

$0\le\theta<2\pi$에서 이를 만족시키는 θ는

$\theta=\frac{\pi}{2}$

❹

답 $\frac{\pi}{2}$

단계	채점 기준	비율
❶	판별식을 이용하여 방정식을 세운 경우	20%
❷	$\sin\theta$와 $\cos\theta$의 관계를 이용하여 $\sin\theta$에 관한 식으로 정리한 경우	20%
❸	$\sin\theta$의 값을 구한 경우	30%
❹	θ의 값을 구한 경우	30%

수능 맛보기

본문 37쪽

1

$\cos^2x=1-\sin^2x$이므로

$3\cos^2x=4(1-\sin x)$

$3(1-\sin^2x)=4-4\sin x$

$3\sin^2x-4\sin x+1=0$

$(3\sin x-1)(\sin x-1)=0$

$\sin x=\frac{1}{3}$ 또는 $\sin x=1$

함수 $y=\sin x$의 그래프와 직선 $y=\frac{1}{3}$, $y=1$의 그래프는 다음 그림과 같다.

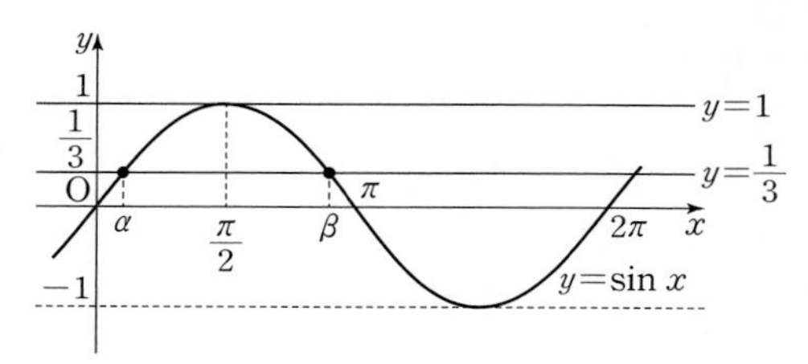

$0\le x<2$에서

$\sin x=1$을 만족시키는 x의 값은 $x=\frac{\pi}{2}$

$\sin x=\frac{1}{3}$을 만족시키는 x의 값을 α, β라 하면

두 근 α와 β는 $x=\frac{\pi}{2}$에 대하여 대칭이므로 $\frac{\alpha+\beta}{2}=\frac{\pi}{2}$

즉, $\alpha+\beta=\pi$

따라서 모든 x의 값의 합은

$$\frac{\pi}{2}+\alpha+\beta=\frac{\pi}{2}+\pi$$
$$=\frac{3}{2}\pi$$

답 ②

2

$\sin^2 x=1-\cos^2 x$이므로

$2\sin^2 x\ge 2-\cos x$

$2(1-\cos^2 x)\ge 2-\cos x$

$2(1-\cos^2 x)+\cos x-2\ge 0$

$2\cos^2 x-\cos x\le 0$

$\cos x(2\cos x-1)\le 0$

$0\le \cos x\le \frac{1}{2}$

함수 $y=\cos x$의 그래프와 직선 $y=\frac{1}{2}$의 그래프는 다음 그림과 같다.

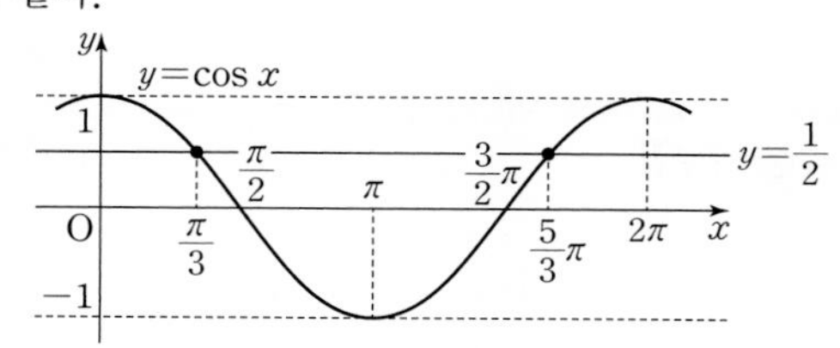

$0\le x<2\pi$에서 이를 만족시키는 모든 x의 값의 범위는

$\frac{\pi}{3}\le x\le\frac{\pi}{2}$ 또는 $\frac{3}{2}\pi\le x\le\frac{5}{3}\pi$

따라서 $\delta-\alpha=\frac{5}{3}\pi-\frac{\pi}{3}$
$$=\frac{4}{3}\pi$$

답 ①

Ⅲ. 수열

01 등차수열과 등비수열

본문 38~42쪽

1 일반항 $a_n=\frac{2}{n+4}$에 $n=5$를 대입하면

$a_5=\frac{2}{9}$

따라서 제5항은 $\frac{2}{9}$이다.

답 $\frac{2}{9}$

2 $a_1=1$, $a_2=2$, $a_3=0$, $a_4=1$, $a_5=2$, $a_6=0$, $a_7=1$

따라서 1, 2, 0, 1, 2, 0, 1

답 1, 2, 0, 1, 2, 0, 1

3 첫째항을 a, 공차를 d라 하면

$a_3=a+2d=11$

$a_8=a+7d=21$

위의 두 식을 연립하여 풀면

$a=7$, $d=2$

따라서 첫째항이 7, 공차가 2이므로 주어진 등차수열 $\{a_n\}$의 일반항은

$a_n=7+(n-1)\times 2=2n+5$

답 $a_n=2n+5$

4 세 수 12, y, 8에서 y가 등차중항이므로

$y=\frac{12+8}{2}=10$

세 수 x, 12, 10에서 12가 등차중항이므로

$12=\frac{x+10}{2}$

$x+10=24$

$x=14$

따라서 $x=14$, $y=10$

답 $x=14$, $y=10$

[다른 풀이]

세 수 12, y, 8에서 y가 등차중항이므로

$y=\frac{12+8}{2}=10$

따라서 네 수 x, 12, 10, 8이 이 순서대로 등차수열을 이루므로 공차가 -2이고, $x+(-2)=12$에서

$x=14$

5 등차수열 $\{a_n\}$의 첫째항을 a, 공차를 d라 하면
$a_2=a+d=1$이고, $a_5=a+4d=10$
두 식을 연립하여 풀면
$a=-2$, $d=3$
따라서 등차수열 $\{a_n\}$의 첫째항부터 제8항까지의 합은
$\frac{8\times\{2\times(-2)+7\times3\}}{2}=68$

답 68

6 등차수열의 첫째항은 1, 공차는 2이므로
99를 제n항이라 하면
$99=1+(n-1)\times2$
$2n-1=99$
$n=50$
따라서 구하는 합은
$\frac{50(1+99)}{2}=2500$

답 2500

7 등비수열 $\{a_n\}$의 첫째항을 a, 공비를 r라 하면
제2항이 6이므로 $ar=6$ ...... ㉠
제5항이 162이므로 $ar^4=162$ ...... ㉡
㉡÷㉠을 하면
$r^3=27$
그런데 r는 실수이므로
$r=3$
이것을 ㉠에 대입하면 $a=2$
따라서 일반항 a_n은
$a_n=2\times3^{n-1}$

답 $a_n=2\times3^{n-1}$

8 등비수열 3, x, y, 24는 첫째항이 3이고, 넷째항이 24이므로 공비를 r라 하면
$24=3\times r^3$
$r^3=8$
그런데 r는 실수이므로
$r=2$
따라서 $x=6$, $y=12$이므로
$x+y=18$

답 18

9 등비수열 $\{a_n\}$의 첫째항을 a, 공비를 r라 하면
$a_2=ar=-6$ ...... ㉠
$a_5=ar^4=48$ ...... ㉡
㉡÷㉠을 하면
$\frac{ar^4}{ar}=-\frac{48}{6}$
$r^3=-8$
r는 실수이므로
$r=-2$
이것을 ㉠에 대입하면 $a=3$
따라서 등비수열 $\{a_n\}$의 첫째항부터 제5항까지의 합은
$\frac{3\{1-(-2)^5\}}{1-(-2)}=1-(-32)=33$

답 33

10 등비수열 $\frac{1}{4}$, $\frac{1}{2}$, 1, 2, $\cdots$, 2^n의 첫째항은 $\frac{1}{4}$, 공비는 2이고, 2^n은 제$(n+3)$항이므로
$\frac{1}{4}+\frac{1}{2}+1+2+\cdots+2^n=\frac{\frac{1}{4}(2^{n+3}-1)}{2-1}$
$=\frac{1}{4}(2^{n+3}-1)>64$
$2^{n+3}-1>256$
$2^{n+3}>257$
$2^8=256$, $2^9=512$이므로
$2^{n+3}>257$을 만족시키는 가장 작은 자연수 n은 6이다.

답 6

기본 핵심 문제

본문 43쪽

1 ③	2 ③	3 ①	4 ②	5 ④

1
일반항 $a_n=\frac{17-2n}{n+1}$에 $n=1, 2, 3, \cdots$을 차례로 대입하면
$\frac{15}{2}$, $\frac{13}{3}$, $\frac{11}{4}$, $\frac{9}{5}$, $\frac{7}{6}$, $\frac{5}{7}$, $\frac{3}{8}$, $\cdots$
이므로 제6항이 처음으로 1보다 작다.
따라서 자연수 k의 최솟값은 6이다.

답 ③

[다른 풀이]
수열 $\left\{\frac{17-2n}{n+1}\right\}$의 제$k$항은 $\frac{17-2k}{k+1}$이므로 제k항이 1보다 작으려면
$\frac{17-2k}{k+1}<1$
k는 자연수이므로 $k+1>0$
$17-2k<k+1$, $k>\frac{16}{3}=5.3\times\times\times$
따라서 자연수 k의 최솟값은 6이다.

2

첫째항을 a, 공차를 d라 하면

$a_2=a+d=14$

$a_4=a+3d=8$

위의 두 식을 연립하여 풀면

$a=17$, $d=-3$

일반항 a_n은

$a_n=17+(n-1)\times(-3)$

$=-3n+20$

a_n이 음수가 되려면 $-3n+20<0$

즉, $n>\frac{20}{3}=6.6\cdots$이어야 하므로 처음으로 음수가 되는 항은 제7항이다.

답 ③

3

주어진 등차수열의 첫째항을 a, 공차를 d라 하면

첫째항부터 제4항까지의 합이 -20이므로

$\frac{4(2a+3d)}{2}=-20$, $2a+3d=-10$

첫째항부터 제10항까지의 합이 70이므로

$\frac{10(2a+9d)}{2}=70$, $2a+9d=14$

두 식을 연립하여 풀면 $a=-11$, $d=4$

주어진 수열의 일반항을 a_n이라 하면

$a_n=-11+(n-1)\times4=4n-15$이고,

처음으로 양수가 되는 항은 $a_n>0$에서

$4n-15>0$

$n>\frac{15}{4}=3.75$이므로 제4항이다.

따라서 주어진 등차수열의 첫째항부터 제n항까지의 합 S_n이 최소가 되는 자연수 n의 값은 3이다.

답 ①

4

등비수열 $\{a_n\}$의 첫째항을 a, 공비를 r라 하면

$4a_3=a_2+4a_4$이므로

$4ar^2=ar+4ar^3$이고,

$4ar^3-4ar^2+ar=0$

$ar(4r^2-4r+1)=0$

$a\neq0$, $r\neq0$이므로

$4r^2-4r+1=0$

$(2r-1)^2=0$

$r=\frac{1}{2}$

따라서 $\frac{a_{11}}{a_{10}}=\frac{ar^{10}}{ar^9}=r=\frac{1}{2}$

답 ②

5

등비수열 $\{a_n\}$의 첫째항을 a, 공비를 r라 하자.

$r=1$이면 $S_3=3a=7$, $S_6=6a=63$을 동시에 만족시키는 a의 값이 존재하지 않는다. 즉, $r\neq1$이다.

$S_3=7$이므로

$\frac{a(r^3-1)}{r-1}=7$ …… ㉠

$S_6=63$이므로

$\frac{a(r^6-1)}{r-1}=63$ …… ㉡

㉡을 변형하면

$\frac{a(r^3-1)(r^3+1)}{r-1}=63$

㉠을 위의 식에 대입하면

$7(r^3+1)=63$

$r^3+1=9$

$r^3=8$

r는 실수이므로 $r=2$

이것을 ㉠의 식에 대입하면 $a=1$

따라서 $S_9=\frac{2^9-1}{2-1}$

$=511$

답 ④

[다른 풀이]

등비수열 $\{a_n\}$의 첫째항을 a, 공비를 r라 하자.

$r=1$이면 $S_3=3a=7$, $S_6=6a=63$을 동시에 만족시키는 a의 값이 존재하지 않는다. 즉, $r\neq1$이다.

$S_3=7$이므로

$\frac{a(r^3-1)}{r-1}=7$ …… ㉠

$S_6=63$이므로

$\frac{a(r^6-1)}{r-1}=63$ …… ㉡

㉡을 변형하면

$\frac{a(r^3-1)(r^3+1)}{r-1}=63$

㉠을 위의 식에 대입하면

$7(r^3+1)=63$

$r^3+1=9$

$r^3=8$

$S_9=\frac{a(r^9-1)}{r-1}$

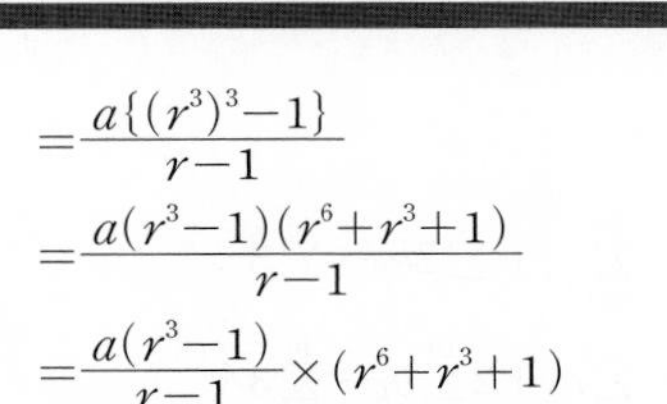

$=\dfrac{a\{(r^3)^3-1\}}{r-1}$

$=\dfrac{a(r^3-1)(r^6+r^3+1)}{r-1}$

$=\dfrac{a(r^3-1)}{r-1}\times(r^6+r^3+1)$

㉠과 $r^3=8$을 위의 식에 대입하면

$S_9=7\times(64+8+1)$

$=511$

02 수열의 합

유제 본문 44~46쪽

1 (1) $\sum_{k=1}^{5}|k-3|=2+1+0+1+2$

$=6$

(2) $\sum_{i=1}^{10}\dfrac{i}{5}=\dfrac{1}{5}+\dfrac{2}{5}+\dfrac{3}{5}+\cdots+\dfrac{10}{5}$

$=11$

답 (1) 6 (2) 11

[다른 풀이]

(2) $\sum_{i=1}^{10}\dfrac{i}{5}=\dfrac{1}{5}\sum_{i=1}^{10}i$

$=\dfrac{1}{5}(1+2+3+\cdots+10)$

$=\dfrac{1}{5}\times55$

$=11$

2 (1) $\sum_{k=1}^{5}(a_k-3)(a_k+3)=\sum_{k=1}^{5}(a_k^2-9)$

$=\sum_{k=1}^{5}a_k^2-\sum_{k=1}^{5}9$

$=10-9\times5$

$=-35$

(2) $\sum_{k=1}^{5}(2a_k-1)^2=\sum_{k=1}^{5}(4a_k^2-4a_k+1)$

$=\sum_{k=1}^{5}4a_k^2-\sum_{k=1}^{5}4a_k+\sum_{k=1}^{5}1$

$=4\sum_{k=1}^{5}a_k^2-4\sum_{k=1}^{5}a_k+\sum_{k=1}^{5}1$

$=4\times10-4\times2+1\times5$

$=37$

답 (1) -35 (2) 37

3 (1) $4^2+5^2+6^2+\cdots+10^2$

$=\sum_{k=4}^{10}k^2$

$=\sum_{k=1}^{10}k^2-\sum_{k=1}^{3}k^2$

$=\dfrac{10\times11\times21}{6}-\dfrac{3\times4\times7}{6}$

$=385-14$

$=371$

(2) $\sum_{n=1}^{5}n^2(2n-1)=\sum_{n=1}^{5}(2n^3-n^2)$

$=\sum_{n=1}^{5}2n^3-\sum_{n=1}^{5}n^2$

$=2\sum_{n=1}^{5}n^3-\sum_{n=1}^{5}n^2$

$=2\times\left(\dfrac{5\times6}{2}\right)^2-\dfrac{5\times6\times11}{6}$

$=395$

답 (1) 371 (2) 395

[다른 풀이]

(1) $4^2+5^2+6^2+\cdots+10^2$

$=\sum_{k=1}^{7}(k+3)^2$

$=\sum_{k=1}^{7}(k^2+6k+9)$

$=\sum_{k=1}^{7}k^2+6\sum_{k=1}^{7}k+\sum_{k=1}^{7}9$

$=\dfrac{7\times8\times15}{6}+6\times\dfrac{7\times8}{2}+9\times7$

$=371$

4 $\sum_{k=1}^{5}(2k-1)^2-\sum_{k=1}^{5}4(k-1)^2$

$=\sum_{k=1}^{5}(4k^2-4k+1)-\sum_{k=1}^{5}4(k^2-2k+1)$

$=\sum_{k=1}^{5}\{(4k^2-4k+1)-4(k^2-2k+1)\}$

$=\sum_{k=1}^{5}(4k-3)$

$=\sum_{k=1}^{5}4k-\sum_{k=1}^{5}3$

$=4\sum_{k=1}^{5}k-\sum_{k=1}^{5}3$

$=4\times\dfrac{5\times6}{2}-3\times5$

$=60-15$

$=45$

답 ④

5 $\frac{1}{1\times3}+\frac{1}{3\times5}+\frac{1}{5\times7}+\cdots+\frac{1}{(2n-1)(2n+1)}$

$=\sum_{k=1}^{n}\frac{1}{(2k-1)(2k+1)}$

$=\sum_{k=1}^{n}\frac{1}{2}\left(\frac{1}{2k-1}-\frac{1}{2k+1}\right)$

$=\frac{1}{2}\sum_{k=1}^{n}\left(\frac{1}{2k-1}-\frac{1}{2k+1}\right)$

$=\frac{1}{2}\left\{\left(1-\frac{1}{3}\right)+\left(\frac{1}{3}-\frac{1}{5}\right)+\left(\frac{1}{5}-\frac{1}{7}\right)+\cdots+\left(\frac{1}{2n-1}-\frac{1}{2n+1}\right)\right\}$

$=\frac{1}{2}\left(1-\frac{1}{2n+1}\right)$

$=\frac{n}{2n+1}$

답 $\frac{n}{2n+1}$

6 $n=1$일 때, $a_1=S_1=1^2-2\times1=-1$ …… ㉠

$n\geq2$일 때, $a_n=S_n-S_{n-1}$

$=(n^2-2n)-\{(n-1)^2-2(n-1)\}$

$=(n^2-2n)-(n^2-4n+3)$

$=2n-3$ …… ㉡

그런데 ㉡에 $n=1$을 대입하면

$a_1=2\times1-3=-1$이므로 ㉠과 일치한다.

따라서 주어진 수열 $\{a_n\}$의 일반항은 $a_n=2n-3$이다.

답 $a_n=2n-3$

기본 핵심 문제

본문 47쪽

1 ④ 2 ⑤ 3 ② 4 ② 5 ③

1

$\sum_{k=1}^{5}a_k=\sum_{k=1}^{4}(a_k+2)$는 $\sum_{k=1}^{5}a_k=\sum_{k=1}^{4}a_k+\sum_{k=1}^{4}2$이므로

$a_1+a_2+a_3+a_4+a_5=a_1+a_2+a_3+a_4+8$에서

$a_5=8$

답 ④

2

$\sum_{k=1}^{10}2a_k=2\sum_{k=1}^{10}a_k=18$이므로

$\sum_{k=1}^{10}a_k=9$

$\sum_{k=1}^{10}(b_k-2)=\sum_{k=1}^{10}b_k-\sum_{k=1}^{10}2=\sum_{k=1}^{10}b_k-20=10$이므로

$\sum_{k=1}^{10}b_k=30$

따라서 $\sum_{k=1}^{10}(a_k+2b_k-3)=\sum_{k=1}^{10}a_k+\sum_{k=1}^{10}2b_k-\sum_{k=1}^{10}3$

$=\sum_{k=1}^{10}a_k+2\sum_{k=1}^{10}b_k-\sum_{k=1}^{10}3$

$=9+2\times30-30$

$=39$

답 ⑤

3

이차방정식 $x^2-4x+3=0$의 두 근이 α, β이므로

근과 계수의 관계에 의하여

$\alpha+\beta=4$, $\alpha\beta=3$이므로

$\sum_{k=1}^{8}(k-\alpha)(k-\beta)$

$=\sum_{k=1}^{8}\{k^2-(\alpha+\beta)k+\alpha\beta\}$

$=\sum_{k=1}^{8}(k^2-4k+3)$

$=\sum_{k=1}^{8}k^2-4\sum_{k=1}^{8}k+\sum_{k=1}^{8}3$

$=\frac{8\times9\times17}{6}-4\times\frac{8\times9}{2}+24$

$=204-144+24$

$=84$

답 ②

4

$\sum_{k=1}^{8}\frac{1}{k^2+3k+2}=\sum_{k=1}^{8}\frac{1}{(k+1)(k+2)}$

$=\sum_{k=1}^{8}\left(\frac{1}{k+1}-\frac{1}{k+2}\right)$

$=\left(\frac{1}{2}-\frac{1}{3}\right)+\left(\frac{1}{3}-\frac{1}{4}\right)+\left(\frac{1}{4}-\frac{1}{5}\right)+\cdots+\left(\frac{1}{9}-\frac{1}{10}\right)$

$=\frac{1}{2}-\frac{1}{10}$

$=\frac{2}{5}=\frac{q}{p}$

따라서 $p+q=7$

답 ②

5

수열 $\{a_n\}$의 첫째항부터 제n항까지의 합을 S_n이라 하면

$\sum_{k=1}^{n}a_k=S_n$이므로

$S_n=n(n+1)(n+2)$

$n=1$일 때, $S_1=1\times2\times3=6$ …… ㉠

$n\ge2$일 때, $a_n=S_n-S_{n-1}$

$$=n(n+1)(n+2)-(n-1)n(n+1)$$
$$=n(n+1)\{(n+2)-(n-1)\}$$
$$=3n(n+1) \quad \cdots\cdots ㉡$$

㉡에 $n=1$을 대입하면 $a_1=3\times1\times2=6$으로 ㉠과 같으므로 모든 자연수 n에 대하여

$a_n=3n(n+1)$

따라서 $\displaystyle\sum_{k=1}^{9}\frac{1}{a_k}=\sum_{k=1}^{9}\frac{1}{3k(k+1)}$

$$=\frac{1}{3}\sum_{k=1}^{9}\frac{1}{k(k+1)}$$
$$=\frac{1}{3}\sum_{k=1}^{9}\left(\frac{1}{k}-\frac{1}{k+1}\right)$$
$$=\frac{1}{3}\left\{\left(1-\frac{1}{2}\right)+\left(\frac{1}{2}-\frac{1}{3}\right)+\left(\frac{1}{3}-\frac{1}{4}\right)+\cdots+\left(\frac{1}{9}-\frac{1}{10}\right)\right\}$$
$$=\frac{1}{3}\left(1-\frac{1}{10}\right)$$
$$=\frac{1}{3}\times\frac{9}{10}$$
$$=\frac{3}{10}$$

답 ③

03 수학적 귀납법

본문 48~50쪽

1 $a_{n+1}=a_n^2+1$에 $n=1, 2, 3, \cdots$을 차례로 대입하면

$a_2=a_1^2+1=0^2+1=1$

$a_3=a_2^2+1=1^2+1=2$

$a_4=a_3^2+1=2^2+1=5$

$a_5=a_4^2+1=5^2+1=26$

따라서 수열 $\{a_n\}$의 제5항은 26이다.

답 26

2 $a_{n+1}=\dfrac{n+1}{n+2}a_n$에 $n=1, 2, 3, \cdots$을 차례로 대입하면

$a_2=\dfrac{1+1}{1+2}\times a_1=\dfrac{2}{3}\times1=\dfrac{2}{3}$

$a_3=\dfrac{2+1}{2+2}\times a_2=\dfrac{3}{4}\times\dfrac{2}{3}=\dfrac{1}{2}$

$a_4=\dfrac{3+1}{3+2}\times a_3=\dfrac{4}{5}\times\dfrac{1}{2}=\dfrac{2}{5}$

$a_5=\dfrac{4+1}{4+2}\times a_4=\dfrac{5}{6}\times\dfrac{2}{5}=\dfrac{1}{3}$

$a_6=\dfrac{5+1}{5+2}\times a_5=\dfrac{6}{7}\times\dfrac{1}{3}=\dfrac{2}{7}$

따라서 수열 $\{a_n\}$의 제6항은 $\dfrac{2}{7}$이다.

답 $\dfrac{2}{7}$

3 $a_1=\dfrac{1}{2}$, $a_{n+1}=2a_n$ $(n=1, 2, 3, \cdots)$에서 수열 $\{a_n\}$은 첫째항이 $\dfrac{1}{2}$, 공비가 2인 등비수열이므로 일반항 a_n은

$a_n=\dfrac{1}{2}\times2^{n-1}=2^{n-2}$

따라서 $a_{10}=2^{10-2}=2^8=256$

답 256

4 $(a_{n+1})^2=a_na_{n+2}$ $(n=1, 2, 3, \cdots)$에서 수열 $\{a_n\}$은 첫째항이 64, 공비가 $\dfrac{a_2}{a_1}=\dfrac{-32}{64}=-\dfrac{1}{2}$인 등비수열이므로 일반항 a_n은

$a_n=64\times\left(-\dfrac{1}{2}\right)^{n-1}$

따라서 $a_8=64\times\left(-\dfrac{1}{2}\right)^{8-1}$

$$=2^6\times\left(-\frac{1}{2}\right)^7$$
$$=-\frac{1}{2}$$

답 $-\dfrac{1}{2}$

5 (i) $n=1$일 때, (좌변)$=1^2=1$, (우변)$=\dfrac{1\times2\times3}{6}=1$
이므로 주어진 등식이 성립한다.

(ii) $n=k$일 때 주어진 등식이 성립한다고 가정하면

$$1^2+2^2+3^2+\cdots+k^2=\frac{k(k+1)(2k+1)}{6} \quad \cdots\cdots ㉠$$

이므로 ㉠의 양변에 $\boxed{(k+1)^2}$을 더하면

$$1^2+2^2+3^2+\cdots+k^2+\boxed{(k+1)^2}$$
$$=\frac{k(k+1)(2k+1)}{6}+\boxed{(k+1)^2}$$
$$=(k+1)\left\{\frac{k(2k+1)}{6}+(k+1)\right\}$$
$$=(k+1)\left(\frac{2k^2+7k+6}{6}\right)$$
$$=(k+1)\left\{\frac{(k+2)(2k+3)}{6}\right\}$$
$$=\boxed{\frac{(k+1)(k+2)(2k+3)}{6}}$$

이므로 $n=k+1$일 때에도 주어진 등식이 성립한다.
(i), (ii)에 의하여 주어진 등식은 모든 자연수 n에 대하여 성립한다.

따라서 $f(k)=(k+1)^2$, $g(k)=\frac{(k+1)(k+2)(2k+3)}{6}$

이므로

$$f(2)+g(2)=(2+1)^2+\frac{3\times4\times7}{6}$$
$$=9+14$$
$$=23$$

답 23

기본 핵심 문제 본문 51쪽

1 ④	2 ③	3 ②	4 ①

1

$a_{n+1}=2a_n+3$에 $n=1, 2, 3, \cdots$을 차례로 대입하면

$a_2=2a_1+3=2\times(-1)+3=1$

$a_3=2a_2+3=2\times1+3=5$

$a_4=2a_3+3=2\times5+3=13$

$a_5=2a_4+3=2\times13+3=29$

$a_6=2a_5+3=2\times29+3=61$

따라서 수열 $\{a_n\}$의 제6항은 61이다.

답 ④

2

$a_{n+1}=-\frac{1}{2}a_n$ $(n=1, 2, 3, \cdots)$에서

수열 $\{a_n\}$은 공비가 $-\frac{1}{2}$인 등비수열이다.

$a_2=a_1\times\left(-\frac{1}{2}\right)=-\frac{1}{2}a_1$이므로

주어진 식에 대입하면

$a_1=-\frac{1}{2}a_1+72$, $\frac{3}{2}a_1=72$

$a_1=48$

그러므로 수열 $\{a_n\}$의 제5항 a_5는

$$a_5=48\times\left(-\frac{1}{2}\right)^4$$
$$=48\times\frac{1}{16}$$
$$=3$$

답 ③

3

$a_1=300\times\frac{9}{10}+20=290$

$n+1$번 반복한 후 물통에 남아 있는 물의 양 a_{n+1}은 a_n의 10 %만큼 사용 후 20 L의 물을 넣으므로

$a_{n+1}=a_n\times\frac{9}{10}+20=\frac{9}{10}a_n+20$

따라서 $a_1=290$, $p=\frac{9}{10}$, $q=20$이므로

$a_1+10p+q=290+9+20=319$

답 ②

4

(i) $n=1$일 때, (좌변)$=\frac{1}{1\times2}=\frac{1}{2}$, (우변)$=\frac{1}{1+1}=\frac{1}{2}$

이므로 주어진 등식이 성립한다.

(ii) $n=k$일 때 주어진 등식이 성립한다고 가정하면

$$\frac{1}{1\times2}+\frac{1}{2\times3}+\cdots+\frac{1}{k(k+1)}=\frac{k}{k+1} \quad \cdots\cdots ㉠$$

이므로 ㉠의 양변에 $\boxed{\frac{1}{(k+1)(k+2)}}$을 더하면

$$\frac{1}{1\times2}+\frac{1}{2\times3}+\cdots+\frac{1}{k(k+1)}+\boxed{\frac{1}{(k+1)(k+2)}}$$
$$=\frac{k}{k+1}+\boxed{\frac{1}{(k+1)(k+2)}}$$
$$=\frac{k(k+2)}{(k+1)(k+2)}+\frac{1}{(k+1)(k+2)}$$
$$=\frac{k^2+2k+1}{(k+1)(k+2)}$$
$$=\frac{\boxed{(k+1)^2}}{(k+1)(k+2)}$$
$$=\boxed{\frac{k+1}{k+2}}$$

이므로 $n=k+1$일 때에도 주어진 등식이 성립한다.

(i), (ii)에 의하여 주어진 등식은 모든 자연수 n에 대하여 성립한다.

따라서 $f(k)=\frac{1}{(k+1)(k+2)}$, $g(k)=(k+1)^2$,

$h(k)=\frac{k+1}{k+2}$이므로

$f(2)\times g(3)\times h(4)=\frac{1}{12}\times16\times\frac{5}{6}=\frac{10}{9}$

답 ①

단원 종합 문제

본문 52~54쪽

1 ④	2 ②	3 ②	4 ②
5 ②	6 ⑤	7 ①	8 ③
9 80	10 ④	11 ③	12 ④
13 ⑤	14 42	15 $\frac{15}{31}$	

1

등차수열 $\{a_n\}$의 첫째항을 a, 공차를 d라 하면

$a_2+a_3+a_4=(a+d)+(a+2d)+(a+3d)$

$=3a+6d=21$

$a+2d=7$ …… ㉠

$a_6=18-a_2$에서

$a+5d=18-(a+d)$

$2a+6d=18$

$a+3d=9$ …… ㉡

㉠, ㉡을 연립하여 풀면

$a=3$, $d=2$

따라서 일반항 a_n은

$a_n=3+(n-1)\times2=2n+1$이므로 $a_{10}=20+1=21$이다.

답 ④

2

공차를 d라 하면 구하는 a_1, a_2, a_3의 모든 순서쌍 (a_1, a_2, a_3)의 개수는

(i) $d=1$일 때, (1, 2, 3), (2, 3, 4), (3, 4, 5), (4, 5, 6), (5, 6, 7), (6, 7, 8), (7, 8, 9)로 7개

(ii) $d=2$일 때, (1, 3, 5), (2, 4, 6), (3, 5, 7), (4, 6, 8), (5, 7, 9)로 5개

(iii) $d=3$일 때, (1, 4, 7), (2, 5, 8), (3, 6, 9)로 3개

(iv) $d=4$일 때, (1, 5, 9)로 1개

따라서 $7+5+3+1=16$

답 ②

3

등차수열 $\{a_n\}$의 첫째항을 a, 공차를 d라 하면

$a_{10}=a+9d=16$

$a_{20}=a+19d=46$

두 식을 연립하여 풀면

$a=-11$, $d=3$

이고, 일반항 a_n은

$a_n=-11+(n-1)\times3=3n-14$

$3n-14>0$에서 $n>\frac{14}{3}=4.6\cdots$이므로

$n\le4$일 때 $a_n<0$, $n\ge5$일 때 $a_n>0$

따라서 $|a_1|+|a_2|+|a_3|+\cdots+|a_{20}|$

$=-(a_1+a_2+a_3+a_4)+(a_5+a_6+\cdots+a_{20})$

$=(11+8+5+2)+(1+4+5+\cdots+46)$

$=26+\frac{16\times(1+46)}{2}$

$=402$

답 ②

4

$a_n=3+(n-1)d$에서

$a_4-a_2=3+3d-(3+d)=2d$

$S_4-S_2=a_4+a_3$

$=(3+3d)+(3+2d)$

$=6+5d$

$a_4-a_2=S_4-S_2$에서

$2d=6+5d$, $3d=-6$

$d=-2$

답 ②

[다른 풀이]

$S_4-S_2=a_4-a_2$이므로

$a_4+a_3=a_4-a_2$, 즉 $a_3=-a_2$

따라서 $3+2d=-(3+d)$이므로

$d=-2$

5

등비수열 $\{a_n\}$의 공비를 r라 하면

$a_3=16$이므로

$256\times r^2=16$, $r^2=\frac{1}{16}$

$r>0$이므로 $r=\frac{1}{4}$

주어진 등비수열 $\{a_n\}$의 일반항은

$a_n=256\times\left(\frac{1}{4}\right)^{n-1}$이고,

$256\times\left(\frac{1}{4}\right)^{n-1}<1$

$\left(\frac{1}{4}\right)^{n-1}<\frac{1}{256}$

$\left(\frac{1}{4}\right)^{n-1}<\left(\frac{1}{4}\right)^4$

밑이 $\frac{1}{4}$로 1보다 작으므로

$n-1>4$, $n>5$

따라서 $a_n<1$이 되는 자연수 n의 최솟값은 6이다.

답 ②

6

등비수열 $\{a_n\}$의 첫째항을 a, 공비를 r라 하면

$$S_2=\frac{a(1-r^2)}{1-r}$$

$$S_4=\frac{a(1-r^4)}{1-r}$$

$$\frac{S_4}{S_2}=\frac{\frac{a(1-r^4)}{1-r}}{\frac{a(1-r^2)}{1-r}}=\frac{1-r^4}{1-r^2}=\frac{(1-r^2)(1+r^2)}{1-r^2}=1+r^2=8$$

에서 $r^2=7$

$S_6=\frac{a(1-r^6)}{1-r}$이므로

$$\frac{S_6}{S_2}=\frac{\frac{a(1-r^6)}{1-r}}{\frac{a(1-r^2)}{1-r}}=\frac{1-r^6}{1-r^2}=\frac{(1-r^2)(1+r^2+r^4)}{1-r^2}=1+r^2+r^4=1+7+49=57$$

답 ⑤

7

집합 $\{x|x$는 n 이하의 자연수$\}$의 원소의 개수는 n이므로 부분집합의 개수 a_n은

$a_n=2^n$

따라서

$$\sum_{k=1}^{n}a_k=\sum_{k=1}^{n}2^k=\frac{2(2^n-1)}{2-1}=2^{n+1}-2=1022$$

$2^{n+1}=1024$, $2^{n+1}=2^{10}$

밑이 2로 같으므로

$n+1=10$, $n=9$

답 ①

8

$$\sum_{k=1}^{15}(a_{2k}+a_{2k+1})$$
$$=(a_2+a_3)+(a_4+a_5)+(a_6+a_7)+\cdots+(a_{30}+a_{31})$$
$$=a_2+a_3+a_4+a_5+\cdots+a_{30}+a_{31}$$
$$=30$$

$$\sum_{k=1}^{31}a_k=a_1+a_2+a_3+\cdots+a_{31}=a_1+(a_2+a_3+a_4+\cdots+a_{31})=2+30=32$$

답 ③

9

$$\sum_{k=1}^{n}\log_3\left(1+\frac{1}{k}\right)$$
$$=\sum_{k=1}^{n}\log_3\frac{k+1}{k}$$
$$=\log_3\frac{2}{1}+\log_3\frac{3}{2}+\log_3\frac{4}{3}+\cdots+\log_3\frac{n+1}{n}$$
$$=\log_3\left(\frac{2}{1}\times\frac{3}{2}\times\frac{4}{3}\times\cdots\times\frac{n+1}{n}\right)$$
$$=\log_3(n+1)=4$$

$n+1=3^4$, $n+1=81$

따라서 $n=80$

답 80

10

$a_{n+1}=\frac{1}{2-a_n}$에 $n=1, 2, 3, \cdots$을 차례로 대입하면

$$a_2=\frac{1}{2-a_1}=\frac{1}{2-\frac{1}{2}}=\frac{1}{\frac{3}{2}}=\frac{2}{3}$$

$$a_3=\frac{1}{2-a_2}=\frac{1}{2-\frac{2}{3}}=\frac{1}{\frac{4}{3}}=\frac{3}{4}$$

$$a_4=\frac{1}{2-a_3}=\frac{1}{2-\frac{3}{4}}=\frac{1}{\frac{5}{4}}=\frac{4}{5}$$

$$\vdots$$

즉, 수열 $\{a_n\}$은 $\frac{1}{2}, \frac{2}{3}, \frac{3}{4}, \frac{4}{5}, \cdots$이므로

$$a_{10}=\frac{10}{11}$$

답 ④

11

$a_{n+1}=\frac{a_n+a_{n+2}}{2}$에서 $2a_{n+1}=a_n+a_{n+2}$이므로

수열 $\{a_n\}$은 등차수열이다.

수열 $\{a_n\}$의 공차를 d라 하면

$a_3=a_1+(3-1)d$
$=4+2d$
$=10$
이므로 $d=3$
따라서 수열 $\{a_n\}$은 첫째항이 4이고, 공차가 3인 등차수열이다.

$$\sum_{k=1}^{10} a_k=a_1+a_2+a_3+\cdots+a_{10}$$
$$=\frac{10\{2\times4+(10-1)\times3\}}{2}$$
$$=175$$

답 ③

12

$$(\text{농도})\ \%=\frac{(\text{소금의 양})}{(\text{소금물의 양})}\times100$$
$$(\text{소금의 양})=\frac{(\text{농도})\ \%}{100}\times(\text{소금물의 양})$$이므로

$$a_1=\frac{\frac{20}{100}\times300}{400}\times100=15$$

$$a_{n+1}=\frac{\frac{a_n}{100}\times300}{400}\times100=\frac{3}{4}a_n$$

따라서 $a_1=15$, $p=\frac{3}{4}$, $q=0$이므로

$$a_1+4p+q=15+4\times\frac{3}{4}+0=18$$

답 ④

13

(i) $n=2$일 때

$(\text{좌변})=1+\frac{1}{2^2}=1+\frac{1}{4}=\frac{5}{4}$, $(\text{우변})=2-\frac{1}{2}=\frac{3}{2}$

이므로 주어진 부등식이 성립한다.

(ii) $n=k$일 때 주어진 등식이 성립한다고 가정하면

$$1+\frac{1}{2^2}+\frac{1}{3^2}+\cdots+\frac{1}{k^2}<2-\frac{1}{k} \quad \cdots\cdots ㉠$$

이므로 ㉠의 양변에 $\boxed{\frac{1}{(k+1)^2}}$을 더하면

$$1+\frac{1}{2^2}+\frac{1}{3^2}+\cdots+\frac{1}{k^2}+\boxed{\frac{1}{(k+1)^2}}$$
$$<2-\frac{1}{k}+\boxed{\frac{1}{(k+1)^2}}=2-\frac{\boxed{k^2+k+1}}{k(k+1)^2}$$
$$<2-\frac{k^2+k}{k(k+1)^2}=2-\boxed{\frac{1}{k+1}}$$

이므로 $n=k+1$일 때에도 주어진 등식이 성립한다.

(i), (ii)에 의하여 주어진 등식은 $n\geq2$인 모든 자연수 n에 대하여 성립한다.

따라서 $f(k)=\frac{1}{(k+1)^2}$, $g(k)=k^2+k+1$, $h(k)=\frac{1}{k+1}$이므로

$$f(2)\times g(2)\times h(2)=\frac{1}{(2+1)^2}\times(2^2+2+1)\times\frac{1}{2+1}$$
$$=\frac{1}{9}\times7\times\frac{1}{3}$$
$$=\frac{7}{27}$$

답 ⑤

서술형 문항

14

공차가 0이 아닌 등차수열 $\{a_n\}$의 첫째항을 a, 공차를 $d\ (d\neq0)$라 하면 조건 (가)에서

$a_2+a_6=(a+d)+(a+5d)=2a+6d=0$, 즉 $a=-3d$ ······ ㉠

❶

조건 (나)에서
$|a_3-6|=|a_7-6|$
$|(a+2d)-6|=|(a+6d)-6|$
㉠에서 $a=-3d$이므로
$|-d-6|=|3d-6|$

❷

(i) $-d-6=3d-6$인 경우
$4d=0$에서 $d=0$이므로
공차가 0이 아니라는 조건에 맞지 않는다.

(ii) $-d-6=-3d+6$인 경우
$2d=12$, $d=6$
㉠에서 $a=-3d$이므로 $a=-18$

❸

따라서 $a_{11}=-18+10\times6=42$

❹

답 42

단계	채점 기준	비율
❶	a와 d의 관계식을 구한 경우	20%
❷	a_3-6과 a_7-6을 a와 d로 나타내어 $\lvert a+2d-6\rvert=\lvert a+6d-6\rvert$ 또는 $\lvert -d-6\rvert=\lvert 3d-6\rvert$으로 나타낸 경우	20%
❸	a_3-6과 a_7-6이 부호가 같은 경우와 부호가 다른 경우로 나누어 조건에 맞는 a와 d의 값을 구한 경우	40%
❹	a_{11}의 값을 구한 경우	20%

[다른 풀이]
조건 (나)에서 $|a_3-6|=|a_7-6|$은 6과 a_3의 차와 6과 a_7의 차가 같다는 뜻이고, a_3과 a_7의 등차중항이 a_5이므로 $a_5=6$이다.

❶

주어진 등차수열의 첫째항을 a, 공차를 d라 하면
$a_5=a+4d=6$이고,
조건 (가)에서
$a_2+a_6=(a+d)+(a+5d)=2a+6d=0$, 즉 $a=-3d$이므로

❷

두 식을 연립하여 풀면 $a=-18$, $d=6$

❸

따라서 $a_{11}=-18+10\times6=42$

❹

단계	채점 기준	비율
❶	절댓값의 의미를 이용하여 $a_5=6$을 찾은 경우	40%
❷	조건 (가)에서 a와 d의 관계식을 찾은 경우	20%
❸	a와 d의 값을 구한 경우	20%
❹	a_{11}의 값을 구한 경우	20%

15

등차수열 $\{a_n\}$의 첫째항을 a, 공차를 d라 하면
$a_2=a+d=3$, $a_5=a+4d=9$
두 식을 연립하여 풀면
$a=1$, $d=2$이므로
일반항 a_n은 $a_n=1+(n-1)\times2=2n-1$이고,
$a_{n+1}=2(n+1)-1=2n+1$이다.

❶

따라서

$$\sum_{n=1}^{15}\frac{1}{a_na_{n+1}}$$
$$=\sum_{n=1}^{15}\frac{1}{(2n-1)(2n+1)}$$
$$=\sum_{n=1}^{15}\frac{1}{2}\left(\frac{1}{2n-1}-\frac{1}{2n+1}\right)$$
$$=\frac{1}{2}\sum_{n=1}^{15}\left(\frac{1}{2n-1}-\frac{1}{2n+1}\right)$$
$$=\frac{1}{2}\left\{\left(\frac{1}{1}-\frac{1}{3}\right)+\left(\frac{1}{3}-\frac{1}{5}\right)+\left(\frac{1}{5}-\frac{1}{7}\right)+\cdots+\left(\frac{1}{29}-\frac{1}{31}\right)\right\}$$
$$=\frac{1}{2}\left(1-\frac{1}{31}\right)$$
$$=\frac{15}{31}$$

❷

답 $\frac{15}{31}$

단계	채점 기준	비율
❶	등차수열 $\{a_n\}$의 일반항을 구한 경우	40%
❷	$\sum_{n=1}^{15}\frac{1}{a_na_{n+1}}$의 값을 구한 경우	60%

수능 맛보기

본문 55쪽

1

세 점 $(n-1,\ 0)$, $(n,\ n^2+n)$, $(n+1,\ 0)$을 꼭짓점으로 하는 삼각형의 넓이는

$$a_n=\frac{1}{2}\times\{(n+1)-(n-1)\}\times(n^2+n)$$
$$=n^2+n$$

따라서

$$\sum_{n=1}^{10}a_n=\sum_{n=1}^{10}(n^2+n)$$
$$=\sum_{n=1}^{10}n^2+\sum_{n=1}^{10}n$$
$$=\frac{10\times11\times21}{6}+\frac{10\times11}{2}$$
$$=385+55$$
$$=440$$

답 ④

2

점 $(n,\ n)$과 직선 $4x-3y-5=0$ 사이의 거리는

$$a_n=\frac{|4n-3n-5|}{\sqrt{4^2+3^2}}=\frac{|n-5|}{5}$$

따라서

$$\sum_{k=1}^{10}5a_k=\sum_{k=1}^{10}|k-5|$$
$$=\sum_{k=1}^{5}(5-k)+\sum_{k=6}^{10}(k-5)$$
$$=\sum_{k=1}^{5}5-\sum_{k=1}^{5}k+(1+2+3+4+5)$$
$$=25-\frac{5\times6}{2}+15$$
$$=25$$

답 ⑤

단기 특강 수학 Ⅰ

정답과 풀이